A AIDS

Conselho Editorial

Alcino Leite Neto
Antonio Manuel Teixeira Mendes
Ana Lucia Busch
Arthur Nestrovski
Carlos Heitor Cony
Contardo Calligaris
Marcelo Coelho
Marcelo Leite
Otavio Frias Filho
Paula Cesarino Costa

FOLHA
EXPLICA

A AIDS
MARCELO SOARES

PubliFolha

© 2001 Publifolha – Divisão de Publicações da Empresa Folha da Manhã Ltda.
© 2001 Marcelo Soares

Todos os direitos reservados. Nenhuma parte desta publicação pode ser reproduzida, arquivada ou transmitida de nenhuma forma ou por nenhum meio sem permissão expressa e por escrito da Publifolha – Divisão de Publicações da Empresa Folha da Manhã Ltda.

Editor
Arthur Nestrovski

Assistência editorial
Paulo Nascimento Verano (2001)
Rodrigo Villela (2008)

Capa
Publifolha

Projeto gráfico da coleção
Silvia Ribeiro

Coordenação de produção gráfica
Marcio Soares (2001)
Soraia Pauli Scarpa (2008)

Assistência de produção gráfica
Mariana Metidieri (2008)

Revisão
Mário Vilela

Ilustrações
Mário Kanno

Editoração eletrônica
Picture studio & fotolito

Dados internacionais de Catalogação na Publicação (CIP)
(Câmara Brasileira do Livro, SP, Brasil)

Soares, Marcelo
  A AIDS / Marcelo Soares ; São Paulo : Publifolha, 2001. (Folha explica)

  Bibliografia.
  ISBN 978-85-7402-263-5

  1. AIDS (Doença) – Obras de divulgação I. Título.
II. Série.

	CDD-616.9792
01-0441	NLM-QW 504

Índices para catálogo sistemático:
1. AIDS : Medicina 616.9792

1ª reimpressão

PUBLIFOLHA
Divisão de Publicações do Grupo Folha

Al. Barão de Limeira, 401, 6º andar, CEP 01202-900, São Paulo, SP
Tel.: (11) 3224-2186/2187/2197
www.publifolha.com.br

SUMÁRIO

INTRODUÇÃO *7*

1. O QUE É A AIDS *13*

2. DE ONDE VEM O VÍRUS DA AIDS? *25*

3. A EPIDEMIOLOGIA DA AIDS *37*

4. TRANSMISSÃO E PREVENÇÃO *47*

5. TRATAMENTO E VACINAS *65*

6. A CULTURA DA AIDS *89*

GLOSSÁRIO *95*

BIBLIOGRAFIA E SITES *103*

INTRODUÇÃO

A história registra inúmeros eventos catastróficos, pontuando a ocupação humana da Terra. Mais recentemente, a mídia moderna tem contribuído para expandir os limites do tolerável e dar continuidade dramática a esses relatos sombrios. Dentre certos religiosos fervorosos, há quem diga que as catástrofes foram ou são castigos de ordem divina, em decorrência da indignidade humana. Eventos de ordem médica abrangem a peste negra, que assolou a Europa na Idade Média, a gripe espanhola do começo do século 20 e o câncer dos dias atuais. Esse último, em especial, foi até há pouco tempo tachado como "o mal do século", e vem sendo alvo de imensa atividade médica e científica, em busca de uma cura definitiva.

Nenhuma dessas doenças, entretanto, teve conseqüências tão devastadoras, em nível social, econômico e político, e num tempo tão relativamente curto, como a Aids, também conhecida como Sida ou "síndrome da imunodeficiência adquirida" (o termo Aids vem do inglês *acquired immunodeficiency syndrome*). Em pouco mais de 25 anos, a Aids já matou mais de 30 milhões de indivíduos no mundo inteiro. Somam-se a esses os quase mais de 33 milhões de portadores de Aids vivos no planeta. Acredita-se que grande parte desses indivíduos não sobreviverá, pois vive em países que são estrutural e economicamente incapazes de prover tratamento.

Supondo-se que a Aids fosse controlada hoje (o que é obviamente uma impossibilidade) e somente esses dois números juntos totalizassem o seu número de mortes, ela seria responsável por mais de 60 milhões de óbitos. Esse número ultrapassa qualquer calamidade pública já vivida pelo homem, seja ela de caráter natural, médico ou social. A peste negra, por exemplo, matou de 22 a 45 milhões de pessoas na Europa. Mesmo a gripe espanhola, talvez a mais grave epidemia conhecida até então, matou cerca de 21 milhões de pessoas entre 1918 e 1919.

É importante ressaltar também que tais números são agravados pela contemporaneidade da Aids e pelo seu modo de transmissão, ou sua patologia. A Aids ocorre no nosso tempo atual, em que dispomos de tecnologia e conhecimentos não disponíveis, por exemplo, na Idade Média ou no começo do século 20, quando a peste negra e a gripe espanhola nos assolaram. Possivelmente, com as nossas atuais "armas", seríamos capazes de frear em grande escala essas outras doenças. Além disso, a Aids não é uma doença transmitida pelo ar ou por contato físico simples (como veremos mais adiante), assim como também leva um tempo consideravelmente longo para se manifestar e matar. Não fosse esse o caso, possivelmente já teríamos nos extinguido da face da Terra, visto que virtualmente todos os países e grande centros urbanos do mundo já relataram casos de Aids.

Este livro tem como objetivo informar de modo relativamente simples o leitor sobre a Aids e tirar suas dúvidas mais comuns com relação a essa doença e seu impacto no mundo atual.

No primeiro capítulo, discutiremos o que é a doença, quais as suas características mais importantes, como identificá-la e quais as suas manifestações clínicas mais e menos comuns, assim como o mecanismo pelo qual ela se desenvolve no organismo humano. Veremos também como a Aids foi descoberta quase simultaneamente na França e nos Estados Unidos.

No capítulo 2, veremos como a Aids surgiu na população humana. Conheceremos alguns dos vírus "primos" do HIV (do inglês *human immunodeficiency virus*, o agente causativo da Aids), que infectam macacos e mesmo outros animais menos aparentados com o homem, como gatos e cabras. Analisaremos como o vírus foi (e possivelmente ainda é) transmitido ao homem.

No capítulo seguinte, iremos examinar a epidemiologia da Aids no Brasil e no mundo. Teremos uma noção do quadro atual de infecções e do espalhamento da doença nas principais áreas do globo, assim como o impacto crítico da Aids em alguns países. Examinaremos como em determinadas partes do Terceiro Mundo, especialmente certos países da África e do Sudeste Asiático, a epidemia da Aids já causou e continuará causando profundas desestruturações em suas economias internas, em suas sociedades e até mesmo em suas expectativas de vida e pirâmides etárias.

No quarto capítulo, estudaremos os modos de transmissão da Aids entre indivíduos na população humana. Analisaremos um pouco dos chamados "comportamentos de risco" (se é que tal termo ainda pode ser empregado) e seu papel na transmissão do vírus em nível horizontal (entre dois indivíduos). Analisaremos também o modo de transmissão vertical, ou seja, da mãe para o filho. Ainda nesse capítulo, trataremos dos modos de prevenir a transmissão do HIV e das políticas de conscientização e informação exercidas pela mídia e pelo governo nos dias de hoje.

No capítulo 5, abordaremos os aspectos do tratamento da Aids. As drogas mais potentes atuais e seu modo de ação, seus efeitos colaterais e suas escolhas dentre as (poucas) opções disponíveis serão revistas. Nesse capítulo também exploraremos as pesquisas no desenvolvimento de uma vacina contra a doença, seus problemas e os questionamentos éticos de sua implementação em países em desenvolvimento.

Finalmente, no sexto e último capítulo, analisaremos de forma breve a influência da Aids na cultura humana, através de suas manifestações no teatro, na televisão e na literatura. A seção servirá também como uma pequena "fonte cultural", para que leitores mais interessados possam avaliar com seus próprios olhos essa influência.

Muitos dos termos técnicos contidos neste livro vêm acompanhados de um asterisco (*). Esses termos estão explicados de uma forma mais simples no Glossário, ao final do livro.

Tudo somado, tentaremos rever os aspectos principais dessa doença avassaladora, que tomou do câncer o título de "mal do século", possivelmente ainda venha a ser considerada o "mal do milênio" – e pode mesmo atingir a reputação nefasta de maior mal da história da humanidade até hoje.

1. O QUE É A AIDS

 Aids, ou síndrome da imunodeficiência adquirida, tem esse nome em função da deficiência imunológica generalizada que se observa em seus portadores. Por causa dessa deficiência, o organismo do indivíduo não mais é capaz de combater potenciais infecções causadas por patógenos com que se defronta. O indivíduo com Aids, portanto, é suscetível a quaisquer infecções, mesmo as mais simples, com as quais os indivíduos normais se deparam diariamente, combatendo-as com eficiência.

A Aids é uma doença infecciosa, e o seu agente causativo é o vírus conhecido como vírus da imunodeficiência humana, ou HIV, do inglês *human immunodeficiency virus*. Esses vírus – e na verdade os vírus de um modo geral – são partículas muito pequenas, menores do que as células do nosso corpo (para se ter uma idéia, vírus são normalmente medidos em *bilionésimos* de metro!). Os vírus não são capazes de produzir todas as substâncias necessárias para a sua sobrevivência e portanto, ao longo da evolução, desenvolveram mecanismos adaptativos para "se aproveitar" de outros organismos. No caso do HIV, o alvo são determinados tipos celulares dos seres humanos. Desse modo, quando o HIV infecta um indivíduo, ele passa a controlar os mecanismos de produção de substâncias orgânicas da célula hospedeira, favorecendo o seu próprio crescimento em detrimento daquela. Diz-se que os vírus são, portanto, parasitas* das células humanas.

Todas as células do nosso corpo possuem uma programação específica, que define todas as nossas características, como altura, coloração de pele, formação dos órgãos etc. Embora existam variações mínimas entre indivíduos, como a cor dos olhos, por exemplo, todos nós possuímos um arcabouço básico que define, obrigatoriamente, que todos devemos ter dois olhos, um coração com quatro cavidades e assim por diante. Essa bagagem de informações básicas que nos definem como uma espécie está codificada na forma do DNA (ácido desoxirribonucleico), um polímero* que está armazenado no interior de cada uma das nossas células. É o DNA que comanda todas as características do nosso corpo e mesmo muitas da nossa mente, como a capacidade para visualização tridimensional ou a inclinação para a matemática ou para as artes.[1]

O HIV, por sua vez, possui a capacidade de inserir a sua própria informação genética no DNA da célula hospedeira, fazendo com que esta agora passe a

---

[1] Para uma descrição detalhada do funcionamento do DNA, ver, nesta mesma série, os volumes sobre *Alimentos Transgênicos*, de Marcelo Leite, e *O Projeto Genoma Humano*, de Mônica Teixeira (Publifolha, 2000).

produzir as proteínas virais como se fossem de seu interesse próprio. O vírus vai mais longe ainda, ele direciona *preferencialmente* a síntese dos seus próprios produtos, alguns deles tóxicos para a célula hospedeira, mas essenciais para o primeiro. Como resultado disso, após ampla reprodução do vírus dentro da célula hospedeira, esta última se rompe e morre, liberando literalmente *milhares* de partículas virais no organismo do indivíduo, prontas a infectar novas células-alvo.

A capacidade do HIV de inserir o seu genoma dentro daquele da célula hospedeira é típica dos vírus da família dos retrovírus,* que também abrange o vírus da leucemia de células T do homem (HTLV) e o vírus de tumores mamários de camundongos (MMTV). Os membros da família *Retroviridae* possuem como material genético o RNA (ácido ribonucleico), em vez do DNA. A molécula de RNA é muito parecida com a de DNA, diferindo apenas em alguns aspectos constituintes (a molécula de açúcar do seu esqueleto principal é a ribose e não a desoxirribose, presente no DNA). Após infectarem as células, entretanto, esses vírus são capazes de transcrever o seu genoma de RNA em DNA, um processo oposto ao que ocorre nas células dos demais seres vivos (daí o nome "retrovírus").

A transcrição reversa é feita através da ação de uma proteína viral, a transcriptase reversa,* que é trazida já na partícula viral infectante. Uma outra enzima viral, a integrase,* realiza então um corte no DNA da célula hospedeira e integra o DNA viral no meio daquele, remendando-o após o término do processo. Esse fenômeno de integração constitui possivelmente o maior obstáculo à intervenção e à erradicação do vírus pelo sistema imunitário do organismo hospedeiro, pois torna-se impossível destruir o vírus sem que se destruam também as células infectadas.

Uma outra característica, esta típica dos vírus de imunodeficiência (sejam humanos ou de outros animais, como veremos no próximo capítulo), faz desses organismos inimigos implacáveis de seus hospedeiros: o HIV tem como células-alvo justamente as células envolvidas na resposta imune do organismo. Dessa forma, o vírus mina o seu inimigo pela raiz, destruindo as tropas de células imunitárias recrutadas pelo hospedeiro para combatê-lo.

Diferentemente de outras infecções, em que o sistema imune é capaz de controlar o crescimento do patógeno* e eventualmente abortar a infecção, na Aids o sistema imune é inexoravelmente destruído pela e ao longo da infecção. Essa destruição é feita não somente de uma forma direta pelo vírus (pelo rompimento da célula hospedeira), mas também através da indução de uma autodestruição do sistema imune, que tenta combater as células infectadas, destruindo-as no processo. Visto que as células-alvo do vírus são as células do sistema imune, o organismo nada mais faz do que gerar mais células suscetíveis à infecção na sua tentativa de combater a infecção, dessa forma "alimentando" mais ainda o vírus. Na visão dos estudiosos da Aids, acredita-se que, se o ser humano não tentasse combater o vírus tão agressivamente como o faz, teria maiores chances de sobreviver à infecção.

Finalmente, uma terceira propriedade da infecção pelo HIV que dificulta o seu controle e que auxilia a sua expansão epidêmica é a sua fase dita assintomática,* de longa duração. Tipicamente, entre a infecção de um indivíduo e o aparecimento dos primeiros sintomas inequívocos da Aids existe um tempo que varia de seis a oito anos, em que o indivíduo não manifesta quaisquer eventos clínicos marcantes, e na maior parte das vezes nem mesmo sabe que está infectado. Em vista da inconsciência de seu status, o indivíduo persiste em suas atividades comportamentais usuais, muitas vezes infectando inúmeros outros indivíduos durante sua fase assintomática. Isso é marcadamente pronunciado em grupos ditos de "alto risco", como prostitutas e usuários de drogas injetáveis, que expõem um grande número de indivíduos ao vírus nessa fase.

Quando o indivíduo é infectado pelo vírus, uma rápida fase sintomática é observada nas primeiras semanas após a infecção, chamada de fase aguda* ou primária,* em que o vírus se replica em alta velocidade, gerando uma carga viral* muito elevada no plasma sanguíneo (a parte líquida constituinte do sangue, separada das células sanguíneas) do indivíduo infectado. Essa alta replicação viral é dada pelo fato de que existem muitas células-alvo (os linfócitos $CD4^{+*}$ do sangue) disponíveis no início da infecção e de que uma resposta imune contra o vírus não foi ainda formada. O vírus destrói uma parte substancial desses linfócitos, que têm um papel importante na resposta imune, o que leva ao aparecimento de algumas manifestações clínicas transitórias, como exantema (vermelhidão em algumas áreas do corpo) e aftas na mucosa oral. A inchação dos nódulos linfáticos* principais (como os iliacais e do pescoço) também pode ser observada, devido à tentativa de combate à infecção.

Os principais sintomas da fase primária são, entretanto, decorrentes da própria viremia* associada ao vírus e abrangem febre, tosse, mal-estar generalizado, dores musculares e diarréia. Tal quadro clínico é facilmente confundido com uma gripe ou virose banal, que não é percebida como algo grave pelo indivíduo. Além disso, visto que a resposta imune contra o vírus ainda não se encontra formada, os testes diagnósticos baseados na detecção de anticorpos* se mostram negativos, descartando mais ainda uma possível consideração sobre a natureza da infecção.

Após a primeira batalha vencida pelo vírus, o sistema imunológico monta uma resposta contra o vírus, na forma de anticorpos específicos contra esse último, assim como de linfócitos T citotóxicos,* que reconhecem células infectadas e as destroem por rompimento delas. Nessa fase, a carga viral é drasticamente reduzida no organismo, descendo a níveis relativamente baixos, e somente detectáveis pelos mais modernos e ultra-sensíveis testes diagnósticos moleculares. Nessa fase, que dura, em média, de seis a oito anos, o indivíduo passa por um período sem manifestações clínicas graves, podendo apresentar eventualmente uma ou outra infecção. Seu sistema imune está novamente reestruturado e controla de forma muito eficiente os níveis virais presentes no organismo. Essa fase é portanto chamada de fase crônica* ou assintomática. Dada a alta produção de anticorpos nessa fase, o indivíduo testado pelos kits diagnósticos é detectado como soropositivo* e portador do vírus.

Embora a fase assintomática fosse inicialmente tida como uma fase de latência, em que o vírus não se replicava muito e por isso podia ser dificilmente detectado, trabalhos pioneiros de dois pesquisadores americanos, o dr. George Shaw e o dr. David Ho, evidenciaram o contrário. Na verdade, o vírus se replica a altíssimas taxas durante todos os seis a oitos da fase assintomática, mas o sistema imune, ainda capacitado, diariamente o põe em xeque, destruindo uma enorme quantidade de vírus livres circulantes e de células infectadas. Os dois estudos calcularam que cerca de 1 bilhão de partículas virais e um semelhante número de células infectadas são destruídos diariamente.² Esses mesmos números de novos vírus e células infectadas são igualmente gerados, estabelecendo assim um equilíbrio dinâmico.

A luta incessante entre o vírus e o sistema imunológico do indivíduo se desenrola por anos a fio, até que *algo* acontece e o sistema imune começa a sair perdendo. Ainda não se sabe exatamente o que desencadeia o começo dessa derrota. Talvez a teoria mais plausível para explicar o colapso do sistema imunológico em face do vírus seja a teoria do limite de diversidade antigênica, proposta pelo dr. Martin Nowak, da Inglaterra. Essa teoria é baseada no fato de que o HIV, por ser um vírus com alta capacidade de gerar múltiplas variantes no decorrer de sua replicação, atinge um grau de diversidade dentro do indivíduo infectado em que o sistema imune não mais consegue controlar tantos vírus diferentes.³ O sistema imune tem de gerar uma resposta contra cada vírus específico. A partir de um ponto, não mais consegue gerar essa resposta de forma rápida o suficiente para controlar todas as variantes. Assim, o sistema imune começa a entrar em colapso, os níveis de vírus circulantes aumentam, e o sistema imune, por conseqüência, começa a ser irreversivelmente destruído, levando então o organismo hospedeiro a um estado de imunodeficiência generalizada.

Nessa fase, começa-se novamente a observar uma queda contínua de linfócitos $CD4^+$. O organismo torna-se altamente suscetível às infecções oportunistas.* Muitos tipos de infecção diferentes são observados então, abrangendo uma extensa gama de patógenos: ou-

---

² *Nature*, 1995 Jan 12; 373(6510): 117-22 e 123-6.
³ *Nature*, 1995 Jul 13; 376(6536): 125.

tros vírus, fungos, bactérias e protozoários. Dentre as infecções virais mais observadas em pacientes portadores de Aids, está a infecção por citomegalovírus,* mais conhecido pela sigla CMV, que causa uma inflamação na retina e pode levar à cegueira e também a graves infecções do aparelho digestivo.

    Outra infecção muito comum é o sarcoma de Kaposi, que por muito tempo tinha sua causa desconhecida, mas que com o aumento do número de casos devido à Aids teve seu agente etiológico determinado: o vírus humano da herpes número 8 (HHV8 ou KSHV). Essa infecção gera um câncer de pele em que manchas púrpura, algumas vezes de caráter hemorrágico, se apresentam no corpo do paciente, principalmente nas costas, no rosto e nas regiões púbica e genital. O vírus do sarcoma de Kaposi também afeta órgãos internos, como pulmões, intestino, fígado e baço, podendo levar a hemorragias fatais.

    Finalmente, alguns tipos de câncer, como os linfomas não-Hodgkins, que afetam os gânglios linfáticos, podem ter uma origem viral. Uma infecção bacteriana muito comum em portadores de Aids é a infecção pelo complexo *Mycobacterium avium/Mycobacterium intracellulare* (MAC). Essa infecção causa diarréia, perda de peso, dores abdominais, febres e suadouros noturnos, alguns sintomas típicos da Aids. Alguns protozoários,* como o *Toxoplasma gondii* e o *Cryptosporidium parvum*, também são relativamente freqüentes em pacientes em estágio de imunodepressão. O primeiro infecta o cérebro, causando uma destruição de células cerebrais e algumas vezes paralisia. O segundo é responsável pela diarréia crônica observada em alguns pacientes.

    Dentre as infecções fúngicas mais comuns, estão a infecção por *Pneumocystis carinii* (organismo até há bem pouco tempo considerado um protozoário), que infecta os pulmões, causando uma pneumonia relativamente difícil de combater. Também relativamente comum é a infecção por fungos do gênero *Candida*, que causam candidíase* oral. Outros sintomas mais generalizados são a perda de peso (caquexia),* a febre e a fadiga, causadas por várias dessas infecções.

É importante ressaltar que as infecções oportunistas são muito raras na população geral não-infectada. Alguns desses microorganismos são mesmo capazes de viver em harmonia com o organismo humano e estar presente neste em altas freqüências (como o CMV, por exemplo), mas somente se manifestam clinicamente numa condição de imunodeficiência. Esse caráter raro das doenças oportunistas foi talvez o maior propiciador da descoberta do HIV como o agente causativo da Aids.

BREVE HISTÓRICO DA DESCOBERTA DA AIDS

Em 1981, dois médicos americanos, o dr. Michael Gottlieb, de Los Angeles, e o dr. Alvin Friedman-Kien, em Nova York, começaram a observar duas dessas doenças, o sarcoma de Kaposi e a pneumonia por *Pneumocystis carinni*, em alguns jovens homossexuais. Os médicos observaram que o sistema imune desses pacientes estava profundamente debilitado, sem motivos aparentes. Em 1982, mais de 2 mil casos já haviam sido relatados nos Estados Unidos, e alguns na Europa, e o Centro de Controle de Doenças (CDC), o órgão de monitoramento epidemiológico dos EUA, relatou o aparecimento da síndrome de imunodeficiência adquirida como uma epidemia naquele país. A maioria dos casos daquela época havia sido descrita em jovens homossexuais e usuários de drogas intravenosas, e por isso foi proposto que algum tipo de microorganismo fosse o agente etiológico da doença, que seria transmitida por contato sexual ou por sangue contaminado.

Algum tempo antes, em 1980, a equipe do dr. Robert Gallo, nos EUA, havia descrito o primeiro dos retrovírus que infectava o homem, o HTLV (vírus da leucemia de células T humano). Como o nome indica, o HTLV causa uma leucemia no homem, que pode ser mortal ou levar à paralisia de membros inferiores. Em função dessa então recente descoberta, começou-se a procurar por retrovírus em células T dos pacientes com a nova síndrome de imunodeficiência.

Em 1983, a equipe de laboratório do dr. Luc Montagnier, no Instituto Pasteur de Paris, propôs analisar uma biópsia de um linfonodo* retirado de um paciente tratado pelo dr. Willie Rozenbaum. O gânglio* estava inchado, e a descrição da sintomatologia do paciente era compatível com a Aids. As células T do gânglio foram cultivadas no laboratório pela dra. Françoise Barré-Sinoussi e pelo dr. Jean-Claude Chermann e analisadas para a atividade de transcriptase reversa. A atividade foi detectada, e mostrou-se que o vírus era diferente do descrito pelo dr. Gallo três anos antes. O vírus foi então chamado de vírus da imunodeficiência humana.

O grupo do dr. Gallo tentou afirmar que o vírus teria sido descoberto antes pelo seu grupo, o que levou a uma acirrada disputa entre franceses e americanos sobre a autoria da descoberta, disputa que se desenrolou por anos a fio e envolveu até investigações conduzidas pelos National Institutes of Health dos EUA e processos judiciais entre os dois lados. Embora Gallo tenha assumido o erro posteriormente, em 1987 o então presidente dos EUA, Ronald Reagan, e o primeiro-ministro francês, Jacques Chirac, assinaram um acordo em que o HIV seria tratado como uma co-descoberta dos dois grupos de pesquisadores.

Três anos mais tarde, em 1986, um segundo vírus de imunodeficiência, diferente do primeiro, foi isolado a partir de alguns pacientes imunodeficientes provenientes da Guiné-Bissau (África ocidental). A sua descoberta foi também mérito da mesma equipe do Instituto Pasteur, em colaboração com hospitais e clínicas de Lisboa e de Paris. Os dois vírus foram então chamados de HIV-1 e HIV-2.

Neste ponto vale ressaltar que, embora tanto o HIV-1 quanto o HIV-2 causem uma imunodeficiência em seus portadores, o HIV-1 parece ter uma agressividade (patogenicidade)* muito maior do que o HIV-2. Talvez por esse motivo, o HIV-1 seja o responsável pela pandemia catastrófica observada no globo nos dias de hoje, enquanto o HIV-2 é endêmico e restrito a algumas áreas da África ocidental (Guiné-Bissau, Costa do Marfim, Senegal e Libéria) e da Europa ibérica e França, que a colonizaram.

2. DE ONDE VEM O VÍRUS DA AIDS?

OS "PRIMOS" DO HIV EM PRIMATAS

uando o dr. Robert Gallo descreveu pela primeira vez o HTLV, em 1980, já se conhecia um vírus muito similar que infectava macacos, o STLV (a sigla é similar àquela, com a diferença de que o S vem de "símios"). De forma paralela, com a descoberta do HIV na população humana, os cientistas começaram a se interessar pela procura de vírus similares de imunodeficiência em primatas. Quando o HIV foi descoberto, achava-se que era simplesmente um outro tipo diferente de HTLV e, de fato, os primeiros relatos científicos que citam o então novo vírus se referem a ele como HTLV-3 (já se conheciam os HTLV-1 e 2). A busca em espécies de símios de um vírus correlato parecia muito interessante, especialmente em primatas do Velho Mundo, na África, onde o HIV teria primeiro se manifestado (com o estudo retrospectivo de amostras sanguíneas, os casos mais antigos de infecção por HIV na população humana se manifestaram naquele continente).

Com o desenvolvimento de testes diagnósticos de soroprevalência* (através da análise do soro de indivíduos ou de animais, pela procura de anticorpos específicos contra o vírus, ou mesmo de proteínas virais específicas), muitos dos animais selvagens analisados se mostraram positivos quanto à presença de vírus de imunodeficiência. Esses vírus foram coletivamente designados por SIV, do inglês *simian immunodeficiency virus*, em analogia ao HIV. Atualmente, mais de 30 espécies de primatas não-humanos já tiveram seus SIVs infectantes caracterizados. Para identificar a espécie de primata da qual o vírus foi isolado, utiliza-se uma sigla em caixa-baixa que designa essa espécie. Assim, por exemplo, SIVs isolados de chimpanzés são chamados de SIVcpz, SIVs isolados de mandris são designados por SIVmnd, e assim por diante.

Estudos mais abrangentes, que incluíram outros mamíferos fora da ordem* dos primatas, também evidenciaram a presença de vírus de imunodeficiência em vários outros animais. Mostrou-se que grupos como os felinos (tanto os ditos grandes gatos como o gato doméstico), eqüinos (cavalos), caprinos (ovelhas e cabras) e bovinos são portadores de vírus similares. Todos eles, assim como o HIV, possuem um período de aparente latência (ver capítulo anterior), em que a infecção não se manifesta de forma clínica. Por isso, todos foram reunidos num gênero* chamado *Lentivirus* (*lenti* vindo do latim para "lento"). Embora a gama de lentivírus seja bem abrangente dentre os mamíferos, a análise das relações evolutivas entre os diferentes vírus mostrou que os SIVs são os mais relacionados ao HIV, em termos de seqüência do seu DNA. É como se os vírus, ao se adaptarem aos seus respectivos hospedeiros, reproduzissem as relações evolutivas desses últimos. Assim, o SIV e o HIV estão mais próximos entre si do que do FIV (o vírus dos felinos), por exemplo.

As cumulativas observações de espécies de primatas não-humanos que contêm lentivírus, e a constatação de que os vírus de humanos e de símios são muito similares, levaram à hipótese de que o vírus humano teria sido o resultado da transmissão de uma espécie de primata para o homem. O vírus teria "pulado" de um símio para o homem, e então se adaptado neste último. A Aids seria uma zoonose,* ou seja, uma doença humana originada pela transmissão de um patógeno oriundo de uma espécie animal. De fato, essa é a teoria atualmente aceita pelos estudiosos da Aids. Evidência recente tem sugerido que o grupo O d HIV-1 foi originado a partir de infecções do gorila pelo SIV gor.

Inúmeros exemplos de transmissões zoonóticas já foram observados na história do homem. É o caso, por exemplo, da peste bubônica, da raiva e de diversas variantes do vírus da gripe (*influenza*). Esse último exemplo, mais ainda, mostra que múltiplas introduções do vírus podem ocorrer na população humana, originando recorrentes endemias (doenças que ocorrem constantemente num determinado lugar).

No caso dos SIVs, tais eventos de transmissão entre espécies ocorreram não somente de símios para o homem, mas também entre diferentes espécies de símios. Existe evidência, por exemplo, de que os SIVs isolados de macacos de origem asiática (como o macaco *rhesus* e o macaco-de-cauda-de-porco) são na verdade vírus de primatas africanos que "saltaram" de uma espécie para outra em cativeiro. Todos os macacos asiáticos em que SIVs foram isolados foram contaminados em centros de primatas, através do enjaulamento coletivo com primatas africanos soropositivos. Estudos de soroprevalência em populações naturais de macacos asiáticos mostram que essas espécies em condições selvagens não portam SIVs e que, portanto, não constituem reservatórios naturais do vírus.

A soroprevalência para SIVs de espécies de primatas em seu ambiente natural nos traz à primeira característica de hospedeiros naturais de lentivírus: eles possuem uma prevalência muito alta no campo, o que sugere uma coexistência muito antiga entre vírus e hospedeiros. As duas espécies mais conhecidas com altas taxas de soroprevalência são o grupo dos macacos-verdes-africanos (ou AGMs, do inglês *African green monkeys*) e os macacos-mangabey-fuliginosos. Nesses dois grupos de macacos, uma alta taxa de variabilidade em termos de seqüência de DNA dos vírus circulantes em diferentes indivíduos, mesmo entre animais que pertençam ao mesmo grupo social, é observada. Essa evidência reforça mais ainda a idéia de que os SIVs circulam nessas espécies por um longo período, tendo tido tempo suficiente para variar em diversidade dentro de cada espécie. A alta diversidade constitui uma segunda característica típica de relações patógeno-hospedeiro naturais.

Finalmente, uma terceira propriedade, talvez a mais marcante de todas, que caracteriza reservatórios virais naturais é a *ausência de patogenicidade*. Em outras palavras, embora AGMs e mangabeys-fuliginosos sejam infectados em altas taxas no campo, e sejam infectados por toda a sua vida adulta, eles não demonstram quaisquer manifestações clínicas, nem de imunodeficiência nem de qualquer outro tipo. Esses animais, apesar de possuírem cargas virais muito altas durante toda a fase crônica de sua infecção (similares às do HIV no homem na ausência de tratamento terapêutico), não sofrem uma queda de linfócitos $CD4^+$ e não são abatidos pelas doenças oportunistas características do quadro infeccioso humano.

Os fatores que regulam essa falta de patogenicidade, sejam eles do hospedeiro, do vírus ou ainda de uma combinação desses dois, são ainda desconhecidos e permanecem um dos maiores desafios da pesquisa em Aids. O entendimento desses fatores será, sem sombra de dúvida, de incalculável valia na profilaxia, na obtenção de vacinas e talvez também no desenvolvimento de um tratamento eficaz e possivelmente mesmo de uma cura da Aids no homem.

O "PULO" PARA O HOMEM

Mas, afinal, de onde vêm os vírus da Aids? A partir de quais espécies de primatas não-humanos o HIV-1 e o HIV-2 foram originariamente transmitidos? A primeira observação intrigante, que forneceu um *insight* acerca da origem dos dois vírus humanos, foi o fato de que esses vírus não são tão próximos como se achava quando das suas descobertas iniciais. Notou-se que o vírus HIV-1 era muito mais parecido com o vírus do chimpanzé (o SIVcpz), enquanto o HIV-2 parecia ser mais relacionado aos vírus de mangabeys-fuliginosos (o SIVsm). Tais relações são mesmo mais fortes do que a dos dois vírus humanos entre si. Essas relações são evidenciadas em dois níveis: no nível de organização genômica, ou seja, na presença de genes específicos e na ordem com que estes estão alinhados ao longo da fita de RNA genômico do vírus; e no nível da seqüência de nucleotídeos propriamente dita de seus genes.

As observações acima mencionadas imediatamente levaram os estudiosos da Aids a crer que o HIV-1 foi o resultado de uma zoonose do chimpanzé, e que o HIV-2 teve uma origem diferente, a partir de uma zoonose dos mangabeys-fuliginosos. De fato, não somente essas transmissões parecem ser verdadeiras do ponto de vista filogenético,* mas elas também sugerem que possam ter ocorrido múltiplas vezes. Por exemplo, as evidências filogenéticas sugerem que os três grupos de HIV-1 conhecidos atualmente (grupos M, O e N) foram resultados de três eventos independentes de transmissão do vírus do chimpanzé para o homem.

Mas, para esses vírus "saltarem" de seus respectivos hospedeiros naturais para o homem, é necessário que as duas espécies envolvidas (a doadora e a receptora) estejam em contato físico. A *coincidência geográfica* é um dos fatores mais fortes no suporte de uma hipótese de zoonose que envolve duas espécies. No caso do HIV-2/SIVsm, essa coincidência foi demonstrada de forma inequívoca.

A infecção pelo HIV-2 é endêmica de algumas áreas da África ocidental (como vimos no capítulo 1), e a sua ocorrência coincide exatamente com a distribuição geográfica natural do mangabey-fuliginoso. É fato comprovado que muitos indivíduos de áreas mais pobres dessa região mantêm mangabeys-fuliginosos como animais de estimação (são macacos de pequeno porte e relativamente dóceis). O vírus pode facilmente ser transmitido por meio de arranhões ou mordidas desses animais. Além disso, a utilização da carne dos macacos (principalmente adultos) para consumo se constitui em prática comum nos vilarejos daquelas áreas. Acredita-se que a transmissão pode ocorrer também durante a caça e o preparo da carne desses animais.

A coincidência geográfica entre o HIV-2 e o SIVsm é mesmo extraordinária. Em dois casos de infecção por HIV-2 na Libéria, por exemplo, o pesquisador dr. Preston Marx coletou amostras de mangabeys-fuliginosos mantidos como animais de estimação na mesma vila de origem dos indivíduos infectados, e observou que os vírus dos símios eram notavelmente relacionados filogeneticamente aos

HIV-2 isolados a partir daqueles indivíduos.[4] Esses exemplos são possivelmente os únicos no gênero que demonstraram uma evidência direta de transmissão entre indivíduos de duas espécies distintas.

No caso da relação entre o HIV-1 e o SIVcpz, os parâmetros acima relacionados são um pouco mais tênues, o que faz persistir a questão de se o HIV-1 é realmente o resultado de uma transmissão zoonótica do chimpanzé ou se, alternativamente, ambos – o homem e o chimpanzé – tiveram seus vírus introduzidos por uma terceira espécie diferente de primata, ainda não identificada. Primeiramente, os chimpanzés não parecem ser infectados a uma freqüência alta em populações naturais. Até agora só existem cinco SIVs provenientes de chimpanzés caracterizados *in natura*.

Há pouco tempo, os defensores da hipótese SIVcpz · HIV-1 argumentavam que poucos animais haviam sido testados para anticorpos anti-SIV. Estudos mais recentes, entretanto, totalizam cerca de 2 mil chimpanzés testados, envolvendo três das quatro subespécies desses animais e outros provenientes de diversas áreas geográficas, e ainda assim somente seis animais foram identificados como positivos nos testes sorológicos e moleculares. Por outro lado, os chimpanzés, assim como os mangabeys-fuligentos, não sucumbem a uma imunodeficiência adquirida, e relatos de um chimpanzé infectado que foi mantido num centro de primatas por mais de 26 anos e que morreu por causa não associada a imunodeficiência corroboram essa idéia. De fato, mesmo chimpanzés experimentalmente infectados com HIV-1 muito dificilmente desenvolvem Aids, requerendo para isso altas e múltiplas

---

[4] *J. Virol.*, 1997; 71: 3953-60.

doses de inóculo viral. Esses dados apontam na direção de que chimpanzés são resistentes ao SIVcpz e podem constituir seu hospedeiro natural.

Mais recentemente, outras linhas de evidências ajudaram a reforçar mais ainda a hipótese HIV-1/SIVcpz proposta. Agora, pode-se argumentar uma coincidência geográfica entre os chimpanzés infectados no campo e o epicentro da epidemia da Aids. A partir de estudos de variabilidade genética entre os diversos subtipos* de HIV-1 do grupo M (o que causa a pandemia mundial), sabe-se que praticamente todos os subtipos conhecidos estão presentes em determinados países da África central, notadamente na República Democrática do Congo (antigo Congo-Zaire) e na República dos Camarões. Isso indica que a circulação do HIV-1 na população humana provavelmente começou nessas áreas e que efeitos fundadores* geraram os diferentes subtipos encontrados atualmente nos diversos países do mundo.

A essas evidências, somam-se as clínicas, nas quais os médicos locais relataram os primeiros casos de Aids nesses países, nos anos 60. Acrescente-se a isso que a amostra de sangue mais antiga proveniente de um ser humano comprovadamente infectado pelo HIV-1, datada de 1959, é a de um indivíduo originário do antigo Congo-Zaire. É fato conhecido que essas regiões constituem o habitat natural dos chimpanzés, e elas são mesmo denominadas "o país dos trogloditas" (em menção ao nome científico do chimpanzé, *Pan troglodytes*).

Como no caso do HIV-2, é bem provável que o HIV-1 tenha sido introduzido na população humana por exposição de indivíduos a animais e/ou carne infectada. De forma similar aos mangabeys-fuligentos, filhotes de chimpanzés são trazidos para as vilas para serem vendidos como animais de estimação. Os adultos são caçados, e sua carne, vendida a preços exorbitantes nos mercados e restaurantes locais. De fato, a carne do chimpanzé é considerada uma iguaria em certas regiões da África e é comercializada a altos valores. O que não é aproveitado para consumo (como patas, crânio e outros ossos etc.) é comercializado na forma de *souvenirs* para turistas nos mercados locais. O chamado mercado da mata (do inglês *bushmeat trade*), no que concerne ao chimpanzé e a outras espécies de primatas raros e/ou em extinção, é infelizmente uma atividade rentável na África, e muitas vezes envolve a conivência ou mesmo a participação das autoridades locais.

Essa hipótese de transmissão do vírus para o homem, recentemente cunhada de hipótese do "caçador cortado" (do inglês *cut-hunter*, em menção a possíveis cortes e/ou ferimentos do caçador durante a caça, que propiciariam a introdução do vírus), levanta freqüentemente uma crítica de caráter operacional. É sabido que a atividade de caça de chimpanzés e outras espécies de primatas, assim como seu consumo, é prática antiga em populações rurais da África, talvez datada de centenas ou mesmo poucos milhares de anos. Por que, então, o HIV-1 e o 2 só teriam entrado na população recentemente – digamos, de 50 a 80 anos atrás?

Na verdade, é bem possível que os lentivírus tenham "pulado" para o homem inúmeras vezes no passado, mas que na grande maioria das vezes a infecção não tenha conseguido atingir um nível epidêmico, fosse por uma incapacidade do vírus de se propagar com eficiência no hospedeiro inicial, fosse por um isolamento geográfico. A grande maioria das transmissões zoonóticas deve ter sido malsucedida, e o vírus possivelmente morreu com seus hospedeiros, sem ter sido transmitido para outros indivíduos. Só umas poucas transmissões (oito ou nove) foram bem-sucedidas nesse aspecto.

Veja-se por exemplo o caso dos subtipos de HIV-2. Embora até hoje seis diferentes já tenham sido caracterizados, somente dois são responsáveis pela epidemia de HIV-2 na África ocidental. Os outros quatro são representados por casos isolados – e alguns desses indivíduos já faleceram (alguns deles por outras razões, não associadas a imunodeficiência), juntamente com seus vírus. Assim como essas, muitas outras transmissões sem continuidade devem ter ocorrido, sem ter levado a termo o papel de desencadear epidemias. O HIV-1 grupo N também se enquadra nesse caso.

Alternativamente, é possível que infecções bem-sucedidas tenham ocorrido em comunidades locais isoladas no passado, mas é possível também que o vírus tenha se mantido isolado nessas comunidades, simplesmente por falta de migrações de indivíduos de e para lá.

Acredita-se, portanto, que o HIV-1, em especial o do grupo M, tenha sido um caso bem-sucedido de infecção, com oportunidade de se espalhar pelo mundo nos últimos 40-50 anos, devido largamente a fatores socioeconômicos da última metade do século 20, como a urbanização e a facilidade de migração entre comunidades que antes eram mais isoladas (a abertura de rodovias, a maior facilidade dos meios de transporte etc.). A maior exploração das florestas tropicais e o desmatamento para a agricultura e a exploração madeireira, de forma similar, são fatores que nas últimas décadas expuseram seres humanos a novos contatos com vírus até então não conhecidos. Finalmente, mudanças comportamentais características desse período, como a exploração do sexo comercial e a utilização de drogas intravenosas, devem ter contribuído como fatores fundamentais na disseminação de novas infecções virais na população humana.

Acredita-se que todos esses fatores combinados e sinergísticos foram responsáveis pelo sucesso da infecção do homem não só pelo HIV, mas também por uma série de outros patógenos, especialmente virais, e pelo aparecimento de novas doenças nos últimos anos, ou ainda à nossa espera.

3. A EPIDEMIOLOGIA DA AIDS

No momento em que esta frase foi escrita (mais especificamente: em fevereiro de 2008), acreditava-se que 33,2 milhões de homens, mulheres e crianças em todo o mundo estariam vivendo com HIV/Aids, em estágio assintomático ou já sofrendo as conseqüências clínicas da infecção. Até o final de 2008, devem chegar a 36 milhões. Esse número é uma previsão da Organização das Nações Unidas Para a Aids (UNAids) e é baseado em modelos de progressão epidemiológica, com base, por sua vez, nos dados relatados por cada país do mundo. Como já foi discutido no capítulo 1, esse número é provavelmente subestimado, devido em grande parte à ineficácia ou mesmo ausência de implementações de censo epidemiológico em muitos países do Terceiro Mundo. Estimativas da UNAids para o número de pessoas infectadas com HIV/Aids até o final do ano 2008 chegam a 36 milhões.

Até o final do ano de 2007, 33,2 milhões de pessoas estavam infectadas pelo HIV. Destas, 15,4 milhões eram homens, 15,4 milhões eram mulheres, e 2,5 milhões, crianças com menos de 15 anos. Somente em 2007, 2,1 milhões de pessoas morreram de Aids, e outras 2,5 milhões foram infectadas. Até o fim daquele ano, 30 milhões de pessoas já haviam morrido de Aids e deixado órfãs quase 20 milhões de crianças com menos de 15 anos de idade.

Estimativas feitas pela UNAids em 1991 relatavam que até o fim da década, somente na África subsaárica (a parte mais afetada do globo pela Aids), cerca de 9 milhões de pessoas estariam infectadas pelo vírus, e outras 5 milhões teriam morrido.[5] Essa estimativa foi infelizmente uma subestimação por um fator de 3.

É fato notório que a Aids, na última década, tornou-se uma crise de desenvolvimento e até mesmo uma questão de segurança pública em certos países do continente africano. Estima-se que ela terá uma influência profunda nas taxas de mortalidade, expectativas de vida e mesmo crescimento econômico em alguns desses países. Terá impacto não somente na saúde, mas também na educação, na indústria, na agricultura, no transporte, nos recursos humanos e na economia. De fato, em alguns países, já se podem observar algumas evidências de que essa estimativa se consumará.

Ao todo, contam-se atualmente 7 países africanos ao sul do Saara em que a taxa da população adulta de 15 a 49 anos (na fase sexualmente ativa) infectada pelo HIV é superior a 10%. Em três desses países, um em cada cinco adultos está infectado.

---

[5] UNAids, *Report on the Global HIV/Aids Epidemic* (June 2000).

Suazilândia possui a maior porcentagem (25,9% da população adulta), enquanto a África do Sul, embora com 16,2% dos adultos infectados, por ter uma alta densidade demográfica é o país com mais casos de infecção por HIV em números absolutos no mundo: 4,2 milhões de pessoas.

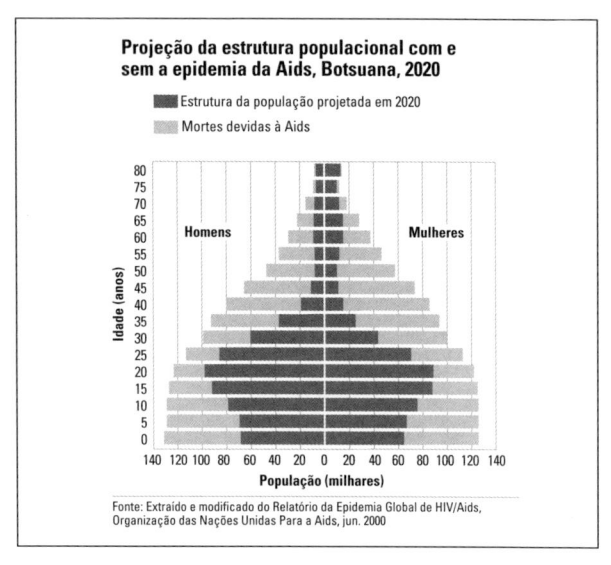

Projeção da estrutura populacional com e sem a epidemia da Aids, Botsuana, 2020

- Estrutura da população projetada em 2020
- Mortes devidas à Aids

Fonte: Extraído e modificado do Relatório da Epidemia Global de HIV/Aids, Organização das Nações Unidas Para a Aids, jun. 2000

No caso de Botsuana, acredita-se que um "efeito-chaminé" da Aids nos próximos 12 anos alterará o formato da pirâmide etária: em torno de 2020, se as taxas de prevalência de infecção e mortalidade naquele país continuarem as mesmas de hoje, Botsuana terá mais pessoas entre 60 e 70 do que entre 40 e 50 anos de idade. Além disso, a base da pirâmide (faixas etárias entre 0 e 15 anos) será mais estreita do que a parte central (20 a 40 anos).[6] Grande parte da população mais jovem morrerá de Aids,

---

[6] US Census Bureau, *World Population Profile 2000*.

o que fará declinar também a taxa de natalidade. Além disso, um terço das crianças nascidas será portador do vírus e não chegará à idade reprodutiva. As taxas de mortalidade em crianças com menos de cinco anos de idade também foram mais elevadas nos últimos anos em determinados países da África subsaárica, como Zâmbia, Quênia e a República dos Camarões.

Parece óbvio que altas taxas de mortalidade em faixas etárias da população que estão no começo de suas vidas economicamente produtivas terão efeitos drásticos na economia dessa população. No nível de família e de pequenas comunidades rurais, tais efeitos econômicos já foram observados em alguns estudos. Fatores mais imediatamente notados abrangem perda de produtividade agrícola em pequenas comunidades rurais, diminuição da taxa de escolaridade (crianças têm de sair da escola e trabalhar, para compensar perdas financeiras por membros da família falecidos por Aids) e gastos com a saúde do familiar acometido pela doença.

A maioria das pessoas está ciente dos enormes problemas em função da pobreza e de confrontos civis e militares em vários países da África nas últimas décadas. Mas isso não parece ser muito, quando comparado com a perda de vidas no continente em função da Aids. De fato, em 1998, 200 mil africanos morreram em guerras internas no continente; *2 milhões* morreram de Aids naquele mesmo ano.

Devido à falta de infra-estrutura financeira, que se reflete em informação, prevenção e tratamento, muitos países da África subsaárica ainda observam taxas crescentes de infecções. A Etiópia e o Quênia se encontram nessa situação. Outros países, com uma maior conscientização não só do povo mas também do governo, conseguiram manter ou diminuir suas taxas de prevalência. Esse é o caso de Uganda, primeiro país do continente a ter reconhecido a Aids como uma ameaça ao desenvolvimento nacional.

Em comparação com a África, os países asiáticos têm uma prevalência de infecção bem mais baixa. Somente Mianmar possui taxas de adultos (15-49 anos) superiores a 1%.

Entretanto, taxas relativas não dizem muito da situação real encontrada na Ásia. Em países como, por exemplo, a China e a Índia, que juntas contêm mais de um terço da população mundial, mesmo uma baixa taxa de soroprevalência representa um enorme número de indivíduos infectados. Na Índia, por exemplo, enquanto somente 0,36% da população está infectada, esse número significa nada menos do que 2,5 milhões de pessoas. A Índia é o segundo maior país em termos de número absoluto de pessoas infectadas, superada apenas pela África do Sul.

No caso da América Latina, a infecção por HIV parece ser algo mais diverso. As maiores taxas são observadas na América Central (principalmente no Caribe), onde atingem valores de 1% a 3% na população adulta. O Haiti é o país mais atingido, com taxas de até 5,5% em determinados centros urbanos.

Na América do Sul, as taxas de soroprevalência são mais baixas, como veremos ao analisar o Brasil na próxima seção.

Nos países da Europa oriental e Ásia central (principalmente nos derivados da antiga União Soviética), a infecção por HIV está concentrada entre os usuários de drogas injetáveis, e as taxas de prevalência são relativamente baixas na população geral. O alto número de usuários de drogas intravenosas (entre 1 milhão e 2 milhões de pessoas só na atual Rússia), entretanto, pode alterar esse quadro de forma marcante.

Nos países de maior renda, como os Estados Unidos e os países da Europa ocidental, são observadas as menores taxas de prevalência na população em geral e as menores taxas de novas infecções por ano, tanto horizontais quanto verticais (da mãe para o filho; ver o capítulo 4 para maiores explicações sobre transmissão vertical). Nos EUA, a infecção teve início propagando-se agressivamente entre os jovens homossexuais, antes mesmo de o vírus ter sido identificado, e rapidamente se estabeleceu nessa população. Com a conscientização e o advento da terapia anti-retroviral, a taxa caiu significativamente a partir de 1995; mas indícios de que novamente ascendeu nos últimos dois ou três anos da década de 90 indica que essa parcela da população está retomando um comportamento de risco. É possível que isso se deva à excessiva confiança nos agentes terapêuticos disponíveis atualmente e nas políticas de monitoramento e controle da disseminação da doença.

A AIDS NO BRASIL

No Brasil, a situação da epidemiologia da Aids vem melhorando consideravelmente, especialmente nos últimos anos, com um alto comprometimento do governo através da ação do Ministério da Saúde no controle da doença. Não obstante, a Aids ainda é responsável por um grande número de óbitos no país. Somente em 2006, quase 19 mil adultos e crianças morreram de Aids no Brasil, e o país contava com mais de 30 mil crianças órfãs com menos de 15 anos em função da epidemia. Em termos cumulativos desde o início da epidemia no começo dos anos 80, a Aids já gerou no país mais de 41 mil crianças órfãs nessa faixa etária.[7]

---

[7] CN-DST/Aids, www.aids.gov.br

Até o fim de 2005, cerca de 600 mil brasileiros estavam convivendo com o HIV, seja em caráter assintomático, seja já desenvolvendo Aids. Destes, mais de 10 mil são crianças de até 15 anos de idade. O país apresenta uma taxa de prevalência em adultos de cerca de 0,6%. Atualmente, a maior parte dos municípios brasileiros já registrou ao menos um caso de Aids.

No Brasil, a infecção ainda mostra uma tendência à prevalência em indivíduos do sexo masculino (400 mil homens infectados, contrastando com 200 mil mulheres ao final de 2005), tendência esta já diluída em países onde as taxas de prevalência são significativamente mais altas. A proporção entre homens e mulheres infectadas vem diminuindo ao longo dos anos, tendo sido de 24:1 em 1985, 9:1 em 1987 e 5:1 em 1991. De acordo com o Ministério da Saúde, em 2005 essa proporção foi de 2:1.

Esse tipo de quadro caracteriza uma tendência vista em todas as grandes cidades, onde a doença, inicialmente predominante na população masculina (principalmente homo e bissexuais), passa a se alastrar dentre a população heterossexual e feminina. Em 1984, por exemplo, o Brasil registrava 71% dos casos de Aids em homo/bissexuais do sexo masculino; esse número, no final de 1999, baixara para 22% dos casos.

É fato notório que o aumento de incidência da doença em mulheres gera em paralelo um aumento de novas transmissões verticais, ou seja, da mãe gestante para seu filho. A análise do monitoramento de gestantes durante o período pré-natal mostra que cerca de 6.000 estão infectadas pelo HIV no Brasil, o que corresponde a uma taxa de 0,21%. Um contínuo acompanhamento do Ministério da Saúde da prevalência de infecção entre as gestantes produz uma amostra fortemente representativa da infecção dentre as mulheres no país, possibilitando a rápida detecção de pequenas flutuações de prevalência em nível populacional. Essa parcela da população, por esse motivo, é chamada de população-sentinela.*

As taxas de crescimento da epidemia da Aids no país vêm sofrendo uma desaceleração. De 1987 a 1992, o Brasil registrava uma taxa de 36% ao ano; de 1990 a 1996, essa taxa caiu para 12% ao ano. Como na maioria dos demais países do mundo, o começo da epidemia se caracterizou por uma ampla incidência nos grandes centros urbanos, seguida de uma expansão gradativa para centros menores. Hoje, apesar de os centros urbanos concentrarem o maior número de casos em termos absolutos, as maiores taxas de crescimento de casos de Aids estão concentradas nos municípios menores, de até 50 mil habitantes, visto que a epidemia ainda está em fase de expansão nessas localidades.

Uma correlação entre o nível socioeconômico e a incidência da Aids também pode ser evidenciada no Brasil (como pode ser visto, a propósito, na grande maioria dos países). Cerca de 51% de todos os casos de Aids registrados no país em 1999/2000 foram entre indivíduos analfabetos, ou que cursaram somente o primeiro grau.

Distribuição espacial dos municípios brasileiros com pelo menos um caso de Aids

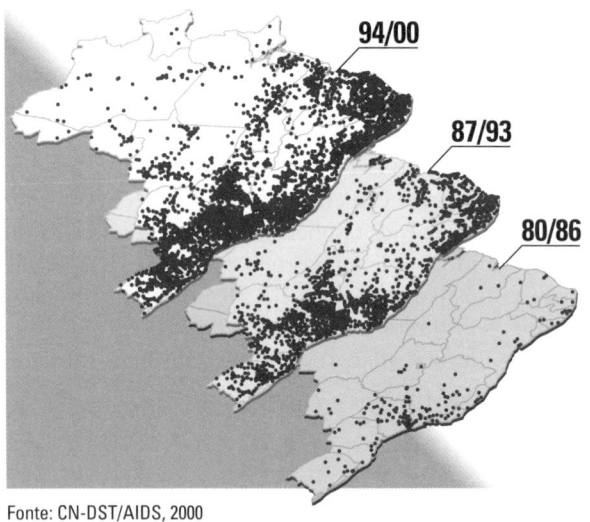

Fonte: CN-DST/AIDS, 2000

4. TRANSMISSÃO E PREVENÇÃO

OS MECANISMOS DE TRANSMISSÃO DO HIV

Vimos no capítulo 2 que os dois tipos de vírus da Aids (HIV-1 e HIV-2) foram introduzidos na população humana através do contato com o sangue de macacos, respectivamente do chimpanzé e do macaco-mangabey-fuligento. Essas múltiplas introduções ocorreram provavelmente muitas vezes no passado, mas só algumas delas se estabeleceram com sucesso na população humana, originando os diferentes grupos e subtipos do HIV conhecidos hoje. Vale ressaltar, entretanto, que as transmissões ocorreram em regiões da África onde essas espécies de macacos são encontradas na natureza. Como outras espécies de macacos encontradas no resto do mundo não são portadoras naturais do vírus, elas não podem transmiti-lo ao homem.

Da mesma forma que alguns símios, outras espécies de mamíferos são conhecidamente infectadas por retrovírus. Como já foi apontado, gatos, leões, vacas, ovelhas e carneiros também portam esses vírus. Tais espécies, entretanto, muito dificilmente são capazes de transmitir retrovírus para o homem. Na verdade, não existem relatos de transmissão de retrovírus de nenhuma outra espécie para o homem, exceto a partir dos símios africanos mencionados. Além disso, todas as tentativas de infectar células humanas em laboratório com outros retrovírus que não sejam originários de primatas foram malsucedidas. Essa incapacidade se dá simplesmente pelo fato de que os vírus (assim como quaisquer outros parasitas) têm de se adaptar à espécie a qual infectam. Por esse motivo, ficam restritos às espécies intimamente relacionadas àquela em termos evolutivos. Assim, vírus que infectam símios podem se adaptar, ainda que dificilmente, ao organismo humano (ambos são primatas).

Para vírus que infectam hospedeiros mais distantes, como felinos ou bovinos, as chances de adaptação são probabilisticamente impossíveis. Retrovírus de leões podem, por exemplo, "pular" para gatos (ambos são felinos), mas não para o homem. Vale lembrar que o homem e o chimpanzé são indênticos em 98% de seu material genético.[8] As diferenças que notamos, como a inteligência e a presença de menos pêlos no homem, são características que representam apenas 2% da nossa constituição genética total. A enorme semelhança entre duas espécies é o primeiro passo na adaptação de novos parasitas e no aparecimento de doenças emergentes.

Uma vez adaptado ao novo hospedeiro, o vírus pode então facilmente passar de um indivíduo para o outro da mesma espécie. Aparentemente, o HIV

---

[8] Ver, sobre esse assunto, o livro de Drauzio Varella, *Macacos*, nesta mesma série (Publifolha, 2000).

aprendeu bem rápido essa lição, o que, associado à facilidade de contato entre os diferentes povos, fez com que ele se espalhasse de forma impressionante pelo globo. É importante frisar que, ao contrário de outras infecções, a infecção pelo HIV é, até o momento, vitalícia e que indivíduos soropositivos devem, portanto, ser considerados como potenciais transmissores por toda a sua vida.

Mas quais são as formas pelas quais o HIV é transmitido de um indivíduo para o outro? Podemos a princípio caracterizar duas formas majoritárias de transmissão: a transmissão dita "horizontal", em que um indivíduo infecta um outro na mesma geração; e a transmissão "vertical", em que o indivíduo (no caso, a mulher) transmite o vírus para seus descendentes na gravidez.

Embora a transmissão vertical tenha impacto substancial na pandemia da Aids (veja-se o enorme número de crianças infectadas e de órfãos infantis gerados pela doença), é à transmissão horizontal que se deve o efeito avassalador da Aids no mundo. A transmissão horizontal é muito mais eficiente e freqüente do que a vertical; além disso, múltiplas rotas de transmissão estão associadas a ela, como veremos a seguir.

A transmissão do HIV entre dois indivíduos requer o contato direto do indivíduo receptor com determinados fluidos corporais do transmissor. Esses fluidos compreendem o *sangue* e as *secreções dos sistemas reprodutores* (pré-sêmen, sêmen e fluidos vaginais).

Saliva, lágrimas, suor e produtos de excremento, como fezes e urina, não estão incluídos entre os meios pelos quais o HIV pode passar de uma pessoa para outra. Embora o HIV possa ser detectado nesses fluidos com a utilização de técnicas ultra-sensíveis (que detectam até 5 cópias do vírus em 1 ml de fluido), o vírus se encontra muito diluído e nunca atinge títulos infecciosos, ou seja, concentrações capazes de infectar outro indivíduo. Além disso, em muitos desses fluidos (como a saliva e a urina) existem enzimas* e outros agentes que tornam inativa a infecciosidade das poucas partículas virais que eventualmente lá se encontrem. Em concordância com essas evidências, não existe nenhum caso comprovado de transmissão do HIV por tais fluidos entre dois indivíduos. O Centro de Controle de Doenças (CDC) dos Estados Unidos relata um caso atípico de transmissão do HIV por beijo profundo (beijo "de língua"), mas foi constatado que o homem transmissor possuía aftas sanguinolentas em sua boca, e a via de transmissão foi considerada sanguínea.

Uma vez que o sangue e os fluidos sexuais constituem as mais eficientes vias de transmissão do HIV, é fácil deduzir os principais fatores que aumentam as chances de uma pessoa se infectar. Esses abrangem o *intercurso sexual* (vaginal, anal ou oral), as *transfusões de sangue contaminado* e o *uso de drogas intravenosas* (com freqüência acompanhado pelo compartilhamento de uma mesma seringa nos grupos de viciados).

No caso do intercurso sexual vaginal, as mulheres têm uma probabilidade maior de se contaminar com parceiros infectados do que os homens, visto que a vagina permanece em contato com maiores quantidades de fluido infectado por um período maior do que nos homens. Calcula-se que mulheres têm uma chance três a quatro vezes maior de se contaminarem com um parceiro portador do vírus do que os homens.

No intercurso anal, a probabilidade de transmissão parece ser maior do que no primeiro caso. Isso talvez seja explicado pelo fato de que o reto e o ânus são mais sensíveis a traumas físicos durante o intercurso do que a vagina, pois os canais são mais estreitos e as paredes epiteliais, mais finas. Além disso, em nível citológico, parece existir um maior número de células-alvo disponíveis na mucosa anal do que na vaginal (principalmente linfócitos e células de Langherhans).* Por esses motivos, e pelo fato de que a doença foi inicialmente observada em homossexuais, o homossexualismo e o sexo anal foram rotulados de comportamentos de alto de risco para transmissão.

Outros fatores que parecem aumentar as taxas de transmissão sexual do vírus, de acordo com estudos epidemiológicos, compreendem o número de parceiros sexuais (por uma simples questão de probabilidade), a ausência de circuncisão peniana e a ocorrência concomitante de outras doenças sexualmente transmissíveis em qualquer um dos dois parceiros (como sífilis, herpes genital etc.). Esse último parâmetro parece também estar relacionado à presença de sangue e fluidos, ou ainda à ruptura da integridade do epitélio da genitália durante o ato sexual.

É importante ressaltar que deve existir uma via de entrada para que o vírus seja transmitido. Essas "portas" podem ser as superfícies mucosas de nosso corpo (paredes internas da boca, do ânus, dos órgãos sexuais, olhos, fossas nasais) ou pequenas feridas ou cortes na pele, mesmo se invisíveis a olho nu. Se a pele está perfeita em determinada região do corpo, mesmo o contato direto com fluidos contaminados não é suficiente para que o vírus entre. Logicamente, como não vemos os microcortes e falhas de nossa pele, é imprescindível que se tomem os devidos cuidados ao manipular esses fluidos. Estudaremos um pouco dessas práticas preventivas mais adiante.

Sabe-se hoje que a probabilidade de o HIV ser transmitido pelo ato sexual é diretamente proporcional ao estágio da doença em que se encontra o indivíduo transmissor. Em outras palavras, quanto mais avançada for a imunodeficiência do indivíduo, maiores serão as suas chances de passar o vírus adiante. A explicação para isso reside no fato de que os níveis de vírus circulantes (a carga viral) no sangue e nos fluidos sexuais são proporcionais. Nos estágios avançados da Aids, como já vimos anteriormente, a carga viral é muito elevada, e conseqüentemente também o sêmen ou o fluido vaginal contêm muitas partículas virais. Quanto mais vírus passam, maior é a chance de um deles conseguir se estabelecer com sucesso no indivíduo receptor.

Um único contato sexual com uma pessoa contaminada pode ser suficiente para se contrair o HIV. Existem exemplos de transmissões sexuais em que um único contato foi estabelecido. Não obstante, em muitos casos é necessário haver inúmeros contatos, em especial com parceiros com baixa carga viral (primeiros anos da doença), ou com parceiros HIV-positivos sob tratamento Haart. Pode-se observar exemplos de casais "discordantes", em que um cônjuge é HIV-positivo e o outro não, apesar de seus inúmeros (centenas a milhares) de intercursos sexuais desprotegidos já realizados. O organismo hospedeiro do indivíduo receptor também exerce um papel significativo na eficácia da transmissão. Existem determinados indivíduos que, apesar de terem tido literalmente milhares de exposições desprotegidas, mesmo em áreas com altíssima incidência de soroprevalência (como em alguns países da África, por exemplo), permanecem HIV-negativos. Esses indivíduos são comumente designados "expostos não-infectados" (EN); alguns exemplos abrangem prostitutas no Quênia e determinados grupos de homossexuais nos Estados Unidos.

Inúmeras características diferentes relacionadas ao sistema imunológico dos indivíduos EN foram associadas à sua resistência a infecção pelo HIV. Alguns deles possuem respostas imunes específicas contra o HIV, apesar do fato de não estarem infectados pelo vírus. Outros produzem determinadas substâncias com ação antiviral, que são medidas em seus soros sanguíneos e têm um efeito inibitório no crescimento do vírus. Algumas dessas subtâncias já foram caracterizadas (como as quimiocinas, que bloqueiam a ligação do vírus na célula-alvo e o impedem de entrar), enquanto outras ainda estão em fase de estudo e determinação. Outros indivíduos EN, ainda, possuem alterações nos co-receptores* para o vírus, impedindo sua entrada nos linfócitos $CD4^+$. Com o avanço das pesquisas, mais e mais fatores correlatos de proteção são descritos, enfatizando a importância das diferenças específicas dos indivíduos hospedeiros na determinação das chances de infecção pelo vírus.

As transmissões por transfusão sanguínea e pela utilização de agulhas contaminadas obviamente não requerem machucados nem outras condições especiais, visto que o vírus tem acesso direto à corrente sanguínea do indivíduo receptor. A transfusão de sangue contaminado, hoje em dia muito menos freqüente devido ao teste criterioso de doadores pelos bancos de sangue, teve uma contribuição significativa na disseminação da Aids nos primeiros anos da doença. Muito em função de disputas econômicas entre empresas que tentavam patentear os kits diagnósticos para detectar a infecção, o teste do sangue doado foi adiado por alguns anos na maior parte dos países. Embora já se soubesse em 1984 que o sangue era uma via de transmissão do vírus, as disputas jurídicas mantiveram os kits fora das prateleiras até 1987. Durante esses três anos, sangue contaminado foi transfundido em milhares de pessoas em todo o mundo. Hoje em dia, felizmente, as taxas de transmissão do HIV por transfusão são muito baixas ou mesmo inexistentes em algumas regiões.

A transmissão do vírus pela utilização de drogas intravenosas (IV) também sofreu uma queda significativa nos últimos anos; mas, juntamente com as transmissões por transfusões sanguíneas, contribuiu de forma significativa no alastramento inicial da epidemia em seus primeiros anos. Nos Estados Unidos, por exemplo, o CDC relatou em 1986 que 60% de todos os usuários de drogas IV da cidade de Nova York estavam infectados pelo HIV.[9] Em alguns países da Ásia, como a China e a Tailândia, o alastramento inicial do vírus foi predominantemente por via IV. Finalmente, em países da Europa oriental, como a Rússia, a transmissão do vírus por essa via se encontra ainda em ascensão. Da mesma forma que na transmissão sexual, existe uma óbvia correlação positiva entre a incidência de transmissão e o risco associado ao uso de drogas IV e o número de eventos de compartilhamento de agulhas ou seringas relatado.

A transmissão vertical, ou de mãe para filho, é bem mais rara por natureza. Embora o feto permaneça dentro do útero materno e em contato com tecidos e fluidos da mãe por cerca de nove meses, somente cerca de 20-25% de mães portadoras do HIV durante a gestação transmitem o vírus para seus fetos. Acredita-se que a ineficiência do vírus nesse caso se dá em função da presença da placenta, que forma uma barreira (a barreira placentária ou

---

[9] The Aids Knowledge Base (1999), http://128.218.224.151/akb/1997/

trofoblástica)* que seleciona com crivo severo o que vai passar da mãe para o feto. Assim, nutrientes, anticorpos e outras substâncias necessárias ao bom desenvolvimento do feto passam, mas vírus, patógenos e células maternas não são capazes de atingir o meio ambiente em que o feto se encontra.

Com base nessa hipótese, os especialistas crêem que a grande maioria dos bebês infectados a partir de mães portadoras do HIV contrai o vírus durante o parto propriamente dito, quando então a criança entra em contato com grandes quantidades de sangue materno, ou durante a amamentação. Apoiando essas idéias, estão as observações de que as taxas de transmissão vertical podem ser drasticamente diminuídas se a mãe recebe aplicações intravenosas de AZT durante o parto e o recém-nascido as recebe pelas seis primeiras semanas de vida. A substituição do leite materno pela chamada "fórmula" para crianças soronegativas de mães soropositivas também diminui as chances de transmissão vertical.

É normalmente difícil determinar em que fase exata um bebê foi infectado por uma mãe portadora do vírus (intra-uterina, no parto ou na amamentação). Normalmente, crianças nascidas de mães infectadas pelo HIV têm anticorpos contra o vírus, mas esses anticorpos são de origem materna e são passados através da barreira placentária. Não somente anticorpos anti-HIV, mas quase todos os anticorpos maternos, são transmitidos para o filho. Nosso sistema imune ainda não está completamente formado e maduro quando do nascimento, e utilizamos esses anticorpos como uma primeira linha de defesa do organismo em face dos agentes infecciosos do mundo externo. Os testes sorológicos padrões para diagnosticar o status de infecção pelo HIV vão acusar positividade nessas crianças, embora elas talvez não portem o vírus propriamente dito. Por isso, testes que detectam diretamente o vírus devem ser utilizados em tais casos. Alternativamente, pode-se analisar a presença de anticorpos a partir dos 18 meses de idade, quando os anticorpos maternos já não estão mais circulando na criança e a presença de anticorpos anti-HIV evidencia uma infecção real.

O impacto dos diferentes tipos de transmissão do HIV varia de região para região e de país para país. De acordo com as práticas e valores de cada cultura, a prevalência de determinados tipos de transmissão será mais ou menos presente naquela área. Assim, alguns pesquisadores sugerem dois padrões de transmissão: o padrão ocidental e o africano. No primeiro tipo, a fatia majoritária dos casos de transmissão se dá predominantemente em determinados grupos de risco, como bissexuais e homossexuais, especialmente por intercurso sexual anal. No segundo padrão, típico da África ao sul do deserto do Saara, a transmissão é predominantemente heterossexual e, devido às altíssimas taxas de infecção pelo vírus, nenhum grupo específico é tido como principal na transmissão.

Finalmente, em países onde a epidemia ainda cresce, nenhum dos dois padrões já se estabeleceu, e grupos mais específicos, como por exemplo usuários de drogas IV, estão entre a parcela da população em que as trasmissões ocorrem com mais freqüência. Seja qual for a via predominante, uma política de prevenção e conscientização personalizada, que atinja justamente os grupos em que as taxas de transmissão são mais altas, é necessária para cada país e cada área. Só dessa forma se poderá frear o alastramento da doença de forma eficaz. Algumas implementações específicas serão vistas a seguir.

PREVENÇÃO: COMO EVITAR A INFECÇÃO PELO HIV

Como já vimos na seção anterior, o intercurso sexual é a principal via de transmissão do HIV atualmente. Dentre os tipos de intercurso sexual, o heterossexual é prevalente na disseminação do vírus nas populações. Embora o sexo entre homossexuais tenha sido um fator de risco de transmissão notável no início da epidemia (a ponto de o CDC chamar a Aids nos primeiros anos de *gay disease*, ou "doença dos gays"), esse próprio fato fez com que um enorme esforço em campanhas de prevenção fosse direcionado àquela parcela da população. Com o passar de alguns anos, sob o efeito dessas campanhas, a transmissão do vírus começou a ser menos freqüente entre os homossexuais.

Os heterossexuais, de sua parte, confiantes na idéia de que a Aids estava restrita aos homossexuais, não se preocuparam muito com a doença e em proteger-se contra ela. Como resultado disso, a Aids começou a se espalhar rapidamente nesse grupo, explicando a prevalência atual.

Dentre os métodos de prevenção utilizados para diminuir a transmissão do HIV por via sexual, podem ser citados as barreiras físicas e os microbicidas. O método mais empregado (e talvez o mais eficiente) é a utilização do preservativo (a "camisinha"). Embora se discuta se o preservativo de látex barra a passagem do vírus em 100% dos casos, vários estudos controlados de laboratório mostraram que o HIV, assim como outros vírus sexualmente transmissíveis (o vírus da herpes e o da hepatite B, por exemplo), não é capaz de atravessá-lo. Já a utilização de preservativos feitos de materiais naturais (pele de carneiro, por exemplo) se demonstrou menos eficiente nas pesquisas, pois os vírus acima mencionados foram capazes de atravessar o material em 50% dos testes.

De um modo geral, os preservativos de látex parecem ser suficientemente seguros para impedir a transmissão do HIV, desde que sejam utilizados de maneira correta e livre de "acidentes" (como o rompimento e o deslizamento do preservativo). Esses acidentes ocorrem em cerca de 1% a 18% dos casos de utilização, segundo diversos estudos. A boa instrução na utilização, assim como a experiência do indivíduo em utilizar o preservativo, entretanto, mostrou diminuir as chances de acidentes.

O preservativo feminino, feito normalmente de poliuretano, também pode ser utilizado com eficiência e previne a passagem do vírus. Embora tenha boa recepção dentre as mulheres, os homens normalmente não aceitam muito bem o preservativo. Em compensação, muitos homens não aceitam também o preservativo masculino, e nesse caso o feminino constitui uma boa opção para as mulheres.

Dentre as barreiras microbicidas, a mais utilizada é a aplicação da substância nonoxinol-9 na vagina, capaz de inativar o HIV em experimentos de laboratório. Sua eficácia em situações da vida real, entretanto, não é completamente óbvia e somente em parte dos testes controlados diminuiu as taxas de transmissão do vírus. Além disso, existem relatos de inflamação e ulcerações na vagina associadas ao uso constante daquele composto. Uma das suas vantagens, porém, é a de poder ser utilizado com ou sem o conhecimento do parceiro masculino.

Alguns fatores de comportamento e de práticas sexuais também influenciam a prevenção. O mais eficiente deles é sem dúvida a abstinência sexual. Obviamente, a abstinência não constitui o método mais agradável e muitas vezes nem é possível em termos práticos, mas sua eficiência está longe de ser questionada. Um outro é limitar o número de parceiros sexuais, que por motivos igualmente óbvios reduz as chances de infecção. O estado de risco do(s) parceiro(s) (usuários de drogas IV, prostitutas etc.) também deve ser levado em consideração. Um outro fator importante ainda é o conjunto de práticas sexuais propriamente ditas do indivíduo, que possuem riscos intrínsecos de transmissão maiores ou menores (como, por exemplo, o sexo anal sendo de maior risco que o vaginal).

Na gama de transmissões via compartilhamento de seringas e agulhas utlizadas no consumo de drogas injetáveis, uma prática preventiva que mostrou diminuir a frequência de contaminação é a própria reabilitação do indivíduo viciado, que logicamente reduz o seu consumo de drogas. Uma outra, muito questionada devido aos seus aspectos éticos e legais, é o programa de trocas de agulhas e seringas usadas por novas. Esse programa foi inicialmente lançado na cidade de Amsterdã em 1984 e consiste na implementação de pontos de troca de agulhas e seringas na cidade, nos locais de maior consumo de drogas injetáveis. Pelo fato de o consumo de drogas ser proibido em muitos países, a implementação de tais programas não é feita e não conta com o apoio dos governos. Estudos controlados de sua eficácia em diminuir as taxas de transmissão dentre os usuários de drogas IV também não puderam ser conduzidos pelo mesmo motivo, mas é muito provável que constitua um eficiente método preventivo. Apesar de toda a resistência imposta, tais programas estão em vigor em muitos países da Europa, nos Estados Unidos, na Austrália e no Canadá desde 1990.

A transmissão do HIV por transfusões sanguíneas em hospitais e em clínicas para pacientes hemofílicos diminuiu drasticamente, e a grande maioria dos países desenvolvidos ou em desenvolvimento não tem registrado casos de infecção por essas vias nos últimos anos. A regulamentação do teste de *todas* as doações sanguíneas para a detecção de HIV e de outros vírus (como o da hepatite B) é implacavelmente rigorosa. Entretanto, podem ocorrer uns pouquíssimos casos de transmissão pela distribuição de sangue de indivíduos "falsos negativos" em fase primária de infecção, cujo plasma ainda não carrega anticorpos contra o vírus.

Um assunto muito importante a ser abordado em termos de prevenção são as medidas a serem tomadas por profissionais de saúde (médicos, enfermeiras, dentistas, técnicos de laboratório etc.) que manipulam materiais biológicos potencialmente, e às vezes conhecidamente, contaminados com o HIV. Casos de infecção ocupacional* (como é chamado esse tipo de acidente) podem ser encontrados na literatura, sendo mais comuns dentre profissionais de saúde. Mesmo pesquisadores científicos e clínicos podem ser infectados, um fato que, apesar de menos freqüente, conta com alguns exemplos.

Embora a infecção ocupacional não seja muito comum, alguns casos documentados sublinham a sua importância e a atenção que se deve dar a ela. O caso mais impressionante foi o de um dentista HIV$^+$ que infectou de cinco a oito de seus clientes com o vírus em 1992.[10] O mecanismo exato de transmissão não foi determinado, mas a análise genética dos vírus do dentista e dos pacientes infectados mostrou que todos os últimos foram contaminados pelo primeiro.

---

[10] *Annals of Internal Medicine*, 1992 May 15; 116(10): 798-805.

Para todos os profissionais de saúde, recomendações gerais foram criadas na manipulação de materiais biológicos potencialmente infecciosos, tanto no que concerne à utilização de materiais, vestimentas e acessórios específicos, como também na conduta e nos procedimentos laboratoriais e clínicos.

Visto que a principal via de infecção ocupacional consiste na espetadela acidental com agulhas contaminadas, a utilização de *containers* resistentes a objetos pontiagudos para o descarte de agulhas e outros objetos cortantes é universal nos consultórios médicos. O descarte imediato de tais objetos após o seu uso é também uma regra essencial. Todos os profissionais devem usar luvas quando prevêem o contato com fluidos corporais, e até mesmo dois pares de luvas sobrepostos quando vão realizar procedimentos cirúrgicos invasivos. Todos devem utilizar jalecos para evitar o contato com sangue dos pacientes, e óculos de proteção para evitar possíveis acidentes com o espirramento de sangue, dependendo do procedimento a ser feito. A utilização de máscaras de proteção pode também ser útil.

Parece desnecessário dizer que todo o lixo proveniente da consulta ou do procedimento cirúrgico de pacientes deve ser considerado potencialmente infeccioso e devidamente descartado e esterilizado. Todos os equipamentos ou instrumentos utilizados no paciente devem ser desinfetados e esterilizados em aparelhos de secagem por calor, vapor químico ou autoclave. Esse é especialmente o caso de consultórios dentários, onde muitos dos instrumentos não são descartáveis.

O Programa Nacional de Doenças Sexualmente Transmissíveis e Aids (PN-DST/Aids) do Ministério da Saúde brasileiro vem tomando medidas importantes na prevenção da transmissão dessas doenças.

Entre algumas das medidas, incluem-se a intervenção na mídia para atuar na conscientização dos riscos na população, as campanhas publicitárias e educativas que estimulam o uso de preservativos e a elaboração de materiais informativos que abrangem práticas de prevenção de transmissão do HIV, além de apoio às organizações não-governamentais (ONGs) e secretarias estaduais e municipais de saúde em iniciativas comunitárias que visem à prevenção de DSTs. Só no ano de 1999, a PN-DST/Aids apoiou cerca de 350 projetos de ONGs.[11]

A PN-DST/Aids também conta com uma série de serviços que almejam ter um impacto positivo na prevenção geral da população contra a Aids. Os centros de testagem e aconselhamento (CTAs), por exemplo, permitem a qualquer indivíduo em dúvida com relação ao seu estado sorológico ser testado e, se positivo, receber aconselhamento médico, preventivo e mesmo psicológico, para que possa conviver da melhor maneira possível com o vírus. A população brasileira já conta com 140 desses centros distribuídos ao longo de todo o território nacional, e outros 31 centros estão em fase de implantação. A PN-DST/Aids também oferece uma linha gratuita, o Disque-Saúde (0800 61 1997), para esclarecer por telefone quaisquer dúvidas sobre a Aids ou outras DSTs.

Finalmente, a PN-DST/Aids tem políticas de atuação específicas para segmentos populacionais e sociais cuja vulnerabilidade a DSTs/Aids parece ser maior. Entre eles, incluem-se crianças, adolescentes e jovens adultos, caminhoneiros, homossexuais, popula-

---

[11] www.aids.gov.br/c-geral/

ções presidiárias e membros das Forças Armadas. A Coordenação já realizou programas preventivos em todos esses segmentos específicos, incentivando a publicação de documentos, visitas a escolas e outras atividades didáticas, com o intuito de diminuir os riscos naqueles grupos.

5. TRATAMENTO E VACINAS

O TRATAMENTO DA AIDS

Graças a um tremendo esforço integrado de várias disciplinas científicas (bioquímica, biologia molecular, virologia, farmacologia, medicina etc.), conta-se hoje com uma série de drogas que combatem o HIV em indivíduos infectados. Existem 13 drogas no mercado que podem ser prescritas em combinações variadas para indivíduos infectados pelo vírus e uma gama de drogas adicionais em fase de testes, nas quais se incluem variações de drogas já existentes, assim como novas formulações que atacam o vírus em fases diferentes do seu ciclo de vida.

O objetivo principal das drogas anti-HIV é o de bloquear uma etapa da replicação viral, de forma a parar o avanço do crescimento e da carga de vírus dentro do organismo infectado. Os estudos do ciclo de vida do vírus foram essenciais para a elaboração de estratégias de combate. O primeiro alvo potencial conhecido foi a enzima transcriptase reversa (RT, do inglês *reverse transcriptase*). Como já vimos no capítulo 1, essa enzima produzida pelo vírus é responsável pelo processo de cópia de seu material genético de RNA em DNA, para que esse último possa ser inserido no DNA da célula hospedeira. Uma vez que essa enzima é específica de retrovírus (pelo menos até o momento, não se conhece atividade de RT em células humanas) e essencial em seu ciclo de replicação, ela foi imediatamente almejada para bloqueio.

O primeiro inibidor de RT disponível no tratamento da Aids foi o AZT, ou zidovudina, lançado no mercado pela gigante farmacêutica Glaxo Wellcome sob o nome de Retrovir® em 1987. O AZT bloqueia a atividade RT da enzima viral, pois "imita" a estrutura de um nucleosídeo* (moléculas que são normalmente utilizadas como substrato* da RT para a síntese da cópia de DNA). Uma vez incorporado pela enzima, o AZT se liga nela de forma irreversível, destruindo permanentemente a sua atividade enzimática. O vírus não mais consegue gerar o DNA para ser integrado no genoma hospedeiro, o RNA viral é degradado com o tempo, e a infecção é abortada dentro da célula.

Depois do AZT, uma série de inibidores de RT diferentes foram lançados no mercado, constituindo a primeira classe de drogas anti-HIV, conhecida como inibidores de RT nucleosídicos (NRTIs). Embora todos esses inibidores bloqueiem a RT por mimetizar nucleosídeos, alguns se ligam de forma levemente diferente no sítio ativo* da enzima em comparação ao AZT. Atualmente existem no mercado seis diferentes NRTIs: a zidovudina, a lamivudina e o abacavir (Glaxo Wellcome), a zalcitabina (Roche), a didanosina e a stavudina (Bristol-Meyrs Squibb).

No começo de sua utilização, drogas como o AZT e o ddI (didanosina) foram consideradas como panacéias para os pacientes aidéticos; de fato, prolongaram moderadamente a expectativa de vida de indivíduos infectados, além de terem baixado substancialmente as taxas de mortalidade por Aids. Infelizmente, depois de alguns meses após a utilização dessas drogas (em monoterapia) pelos pacientes, começou-se a observar que eles começavam a piorar outra vez da doença, em função da carga viral que sofria um rebate, acompanhada consecutivamente de uma nova queda do número de linfócitos $CD4^+$ e do reaparecimento de infecções oportunistas. A análise dos vírus recuperados a partir desses pacientes mostrou que aqueles vírus não mais eram suscetíveis à droga empregada no tratamento.

O aparecimento de variantes do HIV resistentes a drogas é mesmo um fenômeno comum a todos os retrovírus. Cada nova cópia de vírus contém em média uma diferença em comparação com o vírus que lhe deu origem. Por isso, nenhum vírus dentro de um indivíduo infectado é exatamente igual ao outro, mas todos são muito parecidos, visto que provieram de um ou poucos vírus transmitidos ao indivíduo quando de sua infecção inicial. Por isso, a população de vírus geneticamente relacionados, embora distintos, dentro de um hospedeiro é chamada de quasiespécie viral.* Levando em consideração que cerca de 10^9 vírus são gerados diariamente num ser humano infectado, tem-se uma idéia do grau de variabilidade possível que uma quasiespécie viral pode alcançar.

Graças a essa enorme possibilidade de variação e ao número de vírus descendentes, os retrovírus podem "testar" praticamente todos os tipos de alteração genética sem correr o risco de se extinguir dentro do hospedeiro. Muitos vírus inviáveis carreando mutações* genéticas letais são provavelmente gerados, mas a quantidade de vírus sobreviventes é de tal forma grande que o vírus continua a sobreviver como uma quasiespécie. Eventualmente, variantes virais com alterações na transcriptase reversa que lhes permitem sobreviver, ainda que não tão bem quanto os vírus iniciais, aparecem na população. Na presença da droga, esses vírus sobrevivem, enquanto os outros (sensíveis à droga) morrem, o que aumenta gradativamente a frequência de vírus resistentes. Com o tempo, somente vírus resistentes são encontrados no paciente. A carga viral recomeça a subir e a doença se restabelece.

Em função desses problemas, estudos-teste foram implementados para avaliar a possível utilização de duas drogas ao mesmo tempo, já que duas armas diferentes contra o mesmo vírus poderiam ser mais eficientes do que uma só. Os resultados foram promissores, e a biterapia foi aprovada e começou a ser utilizada. Mais uma vez, entretanto, o vírus era capaz de vencer a batalha. Muito embora as chances de um vírus conter alterações genéticas para ser resistente a duas drogas diferentes e ainda ser capaz de se replicar sejam muito pequenas, na matemática do HIV isso pode ser contornado. O altíssimo número de descendentes de uma quasiespécie do vírus ainda é suficiente para gerar variantes resistentes às duas drogas ao mesmo tempo. Deve-se levar em conta também que as duas drogas atacam o vírus no mesmo ponto (no caso, o sítio ativo da RT), e o vírus encontrou formas de tornar o seu sítio ativo diferente o bastante para que ambas as drogas só se encaixem com muitas dificuldades. O advento da biterapia prolongou a expectativa de vida dos pacientes portadores de Aids, mas o prolongamento não passou de alguns meses.

Até 1995, este era o quadro em que se encontrava a situação clínica da Aids: uma doença ainda mortal, seus portadores sem perspectivas. Naquele ano, entretanto, o aparecimento de uma nova classe de droga iria revolucionar de forma dramática esse quadro. O saquinavir, comercializado pela Roche, foi o primeiro inibidor de protease* aprovado para uso em terapias combinadas para o tratamento da Aids. Depois dele, uma série de outras drogas do mesmo tipo foi lançada no mercado, e hoje dispomos de quatro outros compostos na mesma classe, além do saquinavir: o indinavir, o ritonavir, o nelfinavir e, mais recentemente, o amprenavir.

Os inibidores de protease, como o nome já sugere, são moléculas que se encaixam no sítio ativo da protease viral, impedindo que a partícula viral recém-formada amadureça e se torne infecciosa. Como vimos no capítulo 1, após a fase de integração do vírus, este começa a produzir suas proteínas para gerar novos vírus descendentes, utilizando toda a maquinaria de expressão e síntese de proteínas da célula hospedeira. As proteínas dos retrovírus são sintetizadas na forma de poliproteínas,* posteriormente quebradas em pedaços menores para formar as proteínas maduras que constituem a partícula viral. Essa quebra é feita pela protease viral, e o bloqueio dessa atividade pelos inibidores de protease faz com que os vírus produzidos não sejam "maduros" do ponto de vista infeccioso nem, portanto, capazes de infectar novas células.

É importante ressaltar que essa classe de inibidores age de uma forma completamente diferente dos inibidores da transcriptase reversa. Enquanto estes permitem que o vírus entre nas células suscetíveis mas não se integre, os inibidores de protease inibem a infecção de novas células. O ataque múltiplo do vírus em diferentes fases do seu ciclo de vida mostrou-se muito mais eficiente do que inibir somente a transcriptase reversa, mesmo em tratamentos de biterapia. Tamanha revolução foi observada no tratamento de Aids com os inibidores de protease que o médico que realizou os primeiros estudos clínicos de sua utilização, o cientista dr. David Ho, foi nomeado o "Homem do Ano" de 1996 pela revista americana *Time*.

Em 1996, uma terceira classe de inibidor foi finalmente liberada (a droga-protótipo já era conhecida havia mais tempo, mas seus efeitos em monoterapia não se mostraram muito promissores). Essa classe representa um grupo diferente de inibidores da transcriptase reversa viral. Embora esses compostos se liguem também ao sítio ativo da RT, eles não se parecem com nucleosídeos, e seu encaixe se dá puramente por afinidade tridimensional com o sítio ativo da enzima. Por esse motivo ficaram conhecidos como NNRTI (do inglês *non-nucleoside RT inhibitors*). Três drogas atualmente aprovadas para uso em prescrições se incluem nessa classe: a nevirapina (a droga-protótipo), a delavirdina e o efivarenz.

Com o uso de diferentes inibidores de transcriptase reversa e inibidores de protease, o vírus não parece ser mais capaz de gerar descendentes resistentes a todas as drogas utilizadas ao mesmo tempo. Por isso, o uso combinado de três drogas de duas ou mais diferentes classes, a que muitas pessoas se referem genericamente como "coquetel", é padrão no tratamento de Aids hoje em dia. Esse tipo de tratamento é chamado de terapia anti-retroviral altamente ativa, ou Haart (do inglês *highly active antiretroviral therapy*), termo muito utilizado em livros e revistas técnicas de Aids.

A terapia Haart tem se mostrado muito eficiente desde sua implantação. Indivíduos infectados que a seguem com rigor, independentemente do estágio da doença em que se encontram, observam uma queda drástica dos níveis de vírus circulantes na corrente sanguínea, que na maioria das vezes caem a graus indetectáveis pelos métodos mais sofisticados e sensíveis de detecção de vírus. O desaparecimento do vírus da corrente sanguínea é na maioria das vezes também acompanhado por uma recuperação parcial do número de linfócitos $CD4^+$ na circulação, essencial no combate à doenças oportunistas e na melhora geral da qualidade de vida do paciente.

O fato de se bloquear mais eficientemente a multiplicação do vírus dentro do indivíduo infectado torna ainda mais improvável que sejam formadas variantes do vírus resistentes às drogas. Lembremos que os vírus só conseguem gerar tais variantes resistentes se têm a oportunidade de se reproduzir num número de descendentes suficientemente grande para que haja a probabilidade de aparecimento ao acaso das variantes resistentes às drogas. Se cortamos a fonte de variabilidade do vírus, é praticamente impossível para ele se manter em produção.

A utilização da terapia Haart foi de tal modo eficiente no tratamento da Aids que, no final de 1996, a cidade de Nova York (a primeira a experimentar os benefícios da Haart) registrou uma queda de mais de 50% na taxa de mortalidade de portadores de Aids, algo jamais visto desde que a doença fora reconhecida como infecciosa. As estatísticas foram grandes influenciadoras na admissão da terapia Haart como padrão no tratamento de pacientes HIV^+. Todos os testes clínicos mostraram que a terapia Haart é mais eficiente do que qualquer outra forma de tratar a Aids, e há de fato quem defenda a idéia de que, quanto mais drogas forem adicionadas, melhor. A mega-Haart, em que quatro, cinco ou mesmo seis diferentes drogas são utilizadas no regime do paciente, já vem sido testada com relação à sua eficácia em comparação com a Haart-padrão.

Quanto mais cedo após a infecção inicial é feito o tratamento, mais benéfico ele se torna para o paciente. Isso acontece porque o HIV, que atinge um grande número de cópias virais circulantes na fase aguda da doença, imediatamente começa a destruir o sistema imune do indivíduo infectado. Sabe-se que o vírus destrói não só os linfócitos $CD4^+$ circulantes, mas também os centros germinativos* dos órgãos linfóides secundários,* onde essas células são maturadas. Portanto, o HIV impede que novos linfócitos sejam jogados na circulação sanguínea. Pois bem: o tratamento antiviral precoce impede que essas estruturas do sistema imune sejam destruídas, preservando a sua função e ajudando assim o organismo a combater mais eficientemente a infecção.

Nos primeiros dois ou três anos de utilização da terapia Haart, a melhoria da qualidade de vida dos indivíduos infectados foi marcante. Começou-se mesmo a falar em curar definitivamente a doença, pois os indivíduos que aderiam da forma recomendada ao regime dos coquetéis permaneciam com cargas virais indetectáveis por anos a fio. Pensava-se que talvez fosse possível eliminar completamente o vírus do indivíduo, se este se submetesse a alguns anos de tratamento contínuo. Mas, infelizmente, essas perspectivas mostraram-se um tanto inocentes com o decorrer dos anos.

A primeira observação de que somente alguns anos não seria suficiente para erradicar o vírus totalmente do organismo infectado veio a partir de dados de indivíduos que interromperam a terapia por motivos diversos. Alguns foram forçados a parar o tratamento devido aos efeitos adversos das drogas; outros simplesmente achavam que já tinham se tratado o suficiente, confiantes nos múltiplos testes com cargas virais indetectáveis. De duas a três semanas após a interrupção da terapia, a carga viral remontava a níveis tão altos quanto os vistos antes do início do tratamento, ou os de indivíduos que nunca haviam se tratado. Tal ascensão da carga viral era imediatamente seguida por nova diminuição do número de linfócitos $CD4^+$. Isso significa que o vírus, mesmo após vários anos de tratamento, continua a persistir no indivíduo.

Já vimos brevemente, no capítulo 1, que o HIV pode permanecer num estado de latência, ou quiescência, em que células infectadas abrigam o DNA do vírus em seu genoma, mas o vírus não é expresso. Essas células são totalmente transparentes ao sistema imune, que não as reconhece como infectadas. Uma vez que os vírus não estão sendo produzidos, os inibidores de transcriptase e de protease do tratamento Haart não os podem interceptar, até que eles comecem a se expressar. Por esses motivos, o vírus pode permanecer no indivíduo, mesmo sob tratamento, por muitos anos. Na primeira oportunidade que o vírus tem (quando o indivíduo interrompe o tratamento), ele recomeça a se expressar e a carga viral começa a subir novamente.

Estudos que analisaram em detalhe a população de células infectadas aparentemente latentes mostraram que algumas dessas células, como, por exemplo, células de memória,* podem persistir vivas no organismo humano por muitos anos.[12] Cálculos matemáticos baseados no que se conhece dessas populações celulares estimam que para eliminá-las completamente, com o devido bloqueio de produção viral pela terapia Haart eficiente, seria necessário em torno de 60 anos! Ora, isso é praticamente a expectativa de vida de pessoas com uma média de 20 anos que se infectam com o HIV.

---

[12] *Nat Med.*, May 1999, 5(5): 512-7. *Nat Med.*, Jan. 2000, 6(1): 82-5.

Outros estudos demonstraram que, mesmo em pacientes sob Haart eficaz (sem carga viral detectável), pode-se detectar a replicação do vírus a baixíssimas taxas dentro de determinados tecidos, como por exemplo nos gânglios linfáticos.[13] Essas poucas células que começam a replicar o vírus vez por outra são provavelmente células em que o vírus estava latente e em que por algum estímulo (ainda desconhecido) ele foi ativado e começou a se replicar novamente. Se a terapia é eficiente, esses novos vírus não vão muito longe. O problema é que tais eventos ocorrem o tempo todo ao longo da infecção, e a qualquer momento alguns vírus formados podem rapidamente expandir a infecção se o tratamento é interrompido ou é ineficiente.

Um outro problema na terapia Haart é o de que nem todos os tecidos do indivíduo infectado são igualmente supridos com as dosagens ótimas de todas as drogas. Algumas das drogas do coquetel têm acesso relativamente ineficiente a locais que sabemos constituir sítios de replicação do HIV, como o sistema nervoso central, por exemplo. Nesses locais, as concentrações das drogas são subótimas ou mesmo nulas e, em tais condições, o vírus consegue se manter ativo.

Tendo todos os problemas relativos ao tratamento Haart em mente, é fácil imaginar que os pacientes portadores do HIV possivelmente terão de permanecer em tratamento para o resto de suas vidas. Há quem diga que a Aids se tornará uma doença crônica, que exigirá constante tratamento, da mesma forma que,

---

[13] *Journal of Acquired Immune Deficiency Syndrome*, Feb. 1, 2000, 23(2): 114-9. *Journal of the American Medical Association*, Nov. 3, 1999, 282(17): 1627-32. *Nat Med.*, Oct. 1999, 5(10): 1099-104.

por exemplo, o diabetes insulinodependente. É fato conhecido, entretanto, que muitas das drogas utilizadas no coquetel possuem efeitos colaterais indesejáveis a curto, médio e (talvez) longo prazo. Muitas dessas drogas têm uma toxicidade inerente que faz com que alguns pacientes simplesmente não as tolerem. Sintomas como náuseas, vômito, irritações gastrointestinais, diarréia e dores de cabeça são comumente observados em pacientes sob tratamento. Graças às opções atuais (ainda um pouco restritas), pode-se substituir uma ou mais delas por outras que não gerem tais efeitos no indivíduo.

Os efeitos de médio prazo começaram a ser evidenciados nos últimos anos, quando muitos pacientes já vinham se tratando por mais de dois ou três anos. Por exemplo, alguns inibidores de protease causam o aparecimento de cálculos renais. Muitos deles têm sido mais recentemente relacionados a disfunções no metabolismo de lipídios (gorduras) e glicídios (açúcares) no organismo. A longo prazo, é possível que outros efeitos adversos das drogas atualmente utilizadas sejam descritos.

Pelos motivos expostos, é necessária a contínua pesquisa e o desenvolvimento de novas drogas, assim como de novas versões das já existentes, com menor toxicidade, maior absorção e maior especificidade para o vírus. Muito dessa pesquisa já tem sido feito em laboratórios de pesquisa e de empresas farmacêuticas do mundo inteiro. Novas drogas, como os inibidores de integrase (a terceira enzima do vírus, responsável pela inserção de seu DNA no genoma do hospedeiro) e inibidores que bloqueiam a entrada do vírus na célula-alvo, como o composto T-20, já estão em fase de testes clínicos e podem tornar-se futuras opções na composição de coquetéis anti-HIV.

Mais e mais a idéia de transformarmos a Aids em uma doença crônica, porém não-letal, aproxima-se da realidade. Somente um problema nos restará a resolver enquanto não formos capazes de curar definitivamente a Aids: o pesado estigma social de alguém que convive com o vírus para o resto de seus dias.

No Brasil, o tratamento dos indivíduos infectados tornou-se uma prioridade nacional no que diz respeito ao acesso e à disponibilidade universais dos medicamentos. O programa, iniciado no começo da década de 90, quando o AZT ficou disponível para todos, culminou com o decreto nº 9313 de 13 de novembro de 1996, pelo qual todos os pacientes têm direito às drogas necessárias ao seu tratamento, inclusive os inibidores de protease e a terapia tripla implantada no país em dezembro daquele ano. Atualmente, estima-se que mais de 90 mil pessoas, dentre adultos e crianças, recebem tratamento anti-retroviral gratuito. Doze medicamentos (cinco inibidores de RT nucleosídicos, três não-nucleosídicos e quatro inibidores de protease) estão disponíveis para tratamento na rede pública. O gasto com a compra desses medicamentos estava estimado em cerca de US$ 332 milhões para 2000, o que correspondia a 3% do orçamento do Ministério da Saúde para aquele ano.[14] Felizmente, o preço de muitos desses medicamentos tem sofrido quedas significativas, devido ao apoio do governo à produção nacional de algumas das drogas e em negociações para redução dos preços de drogas exclusivas de empresas multinacionais.

O Ministério da Saúde implantou igualmente uma rede nacional de laboratórios de contagem de linfócitos $CD4^+$ e de medição de carga viral, essenciais no acom-

---

[14] Ministério da Saúde, 2000. www.aids.gov.br/c-geral/

panhamento da terapia e na avaliação de seu sucesso. Somente em 1999-2000, o Ministério despendeu mais de US$ 16 milhões nesses testes.[15]

VACINA: QUANDO TEREMOS UMA CONTRA A AIDS?

Embora um marcante progresso tenha sido atingido no combate à infecção pelo HIV nos países industrializados e quedas dramáticas das taxas de mortalidade tenham sido alcançadas nesses países, a Aids continua a atingir um grande número de indivíduos. Mesmo no país mais bem-sucedido nessa luta, os Estados Unidos, duas novas pessoas são infectadas a cada hora. Em termos mundiais, a Organização Mundial de Saúde estima que 15 mil pessoas são infectadas diariamente.[16] A necessidade de uma vacina, portanto, parece ser uma arma vital no combate à doença. A história de outras doenças infecciosas nos ensina que a imunização efetiva é a forma mais econômica, eficaz e de longo termo no combate à Aids.

Muitas abordagens para a confecção de vacinas contra o HIV vêm sendo testadas. Elas abrangem proteínas recombinantes* do vírus, peptídeos (pequenos pedaços de proteínas) sintéticos que representam partes do vírus, vetores* virais e bacteriais recombinantes, vacinas de DNA, partículas virais sintéticas do vírus e até vírus inteiros não-infecciosos ou simplesmente atenuados. Obviamente, devido ao risco

---

[15] www.aids.gov.br/c-geral/
[16] UNAids/WHO.

inerente de se contaminar com o vírus, as duas últimas abordagens jamais foram utilizadas em caráter clínico em seres humanos.

O maior obstáculo na obtenção de uma vacina contra a Aids está no fato de não conhecermos que tipos específicos de resposta imune ou que níveis dessa resposta estão associados à proteção contra o vírus da Aids. Diferentemente de outras infecções virais, nenhuma pessoa infectada pelo HIV consegue eliminar totalmente o vírus de seu corpo. Existem alguns exemplos de proteção contra a doença (no caso de indivíduos sabidamente infectados por mais de 15 anos que não desenvolvem Aids), ou mesmo de proteção contra a infecção viral (por exemplo, pessoas que são expostas constantemente ao vírus mas que não se infectam por ele). Entretanto, os fatores do hospedeiro que levam a esses tipos de proteção são amplamente desconhecidos.

Alguns dados levantados a partir de infecções agudas (nas primeiras semanas após a infecção) sugerem que o controle do pico de viremia inicial, ou seja, da quantidade do vírus que circula na corrente sanguínea, é realizado principalmente por um dos braços principais da resposta imune, o das células T citotóxicas (capazes de reconhecer células infectadas pelo vírus e destruí-las). Dados desse tipo foram confirmados em modelos animais de Aids, como o dos macacos-de-cauda-de-porco infectados pelo SIV, em que o bloqueio desse tipo de célula de defesa faz com que macacos infectados progridam à Aids muito mais rapidamente.[17] Baseados nessas evidências, muitos pesquisadores vêm tentando confeccionar va-

---

[17] *Science*, 1999 Feb 5; 283(5403): 857-60.

cinas de HIV que induzam tais respostas citotóxicas de uma forma eficiente.

A produção de anticorpos constitui um outro braço importante da nossa resposta imune. Os anticorpos são moléculas que reconhecem pequenos pedaços de substâncias (sejam simplesmente compostos químicos, sejam micróbios) e se ligam a elas, revestindo-as. Assim, essas substâncias ficam "marcadas" para serem reconhecidas como estranhas ao organismo e eliminadas por células imunes especializadas. Muitas doenças infecciosas são controladas no nosso corpo pela ação dos anticorpos. No caso do HIV, entretanto, não parece existir uma correlação entre os níveis de anticorpos contra o vírus e o controle da viremia inicial. Por outro lado, a infusão de anticorpos que neutralizam potentemente a entrada do SIV em células de macacos desafiados com o vírus protege esses animais contra a infecção, demonstrando que tais anticorpos podem realmente exercer um efeito protetor. Juntamente com a indução de respostas citotóxicas, uma grande ênfase na indução de anticorpos neutralizantes é dada na elaboração de vacinas contra o HIV.

A confecção de uma vacina contra qualquer agente patogênico compreende uma cascata de experimentações que envolvem várias etapas, desde a análise das respostas imunes induzidas em animais até a análise de seu efeito protetor em nível populacional. Em primeiro lugar, as vacinas são testadas em animais como camundongos, cobaias, coelhos e macacos. Nesses experimentos, analisam-se possíveis efeitos tóxicos e colaterais dos reagentes componentes da vacina, assim como os tipos de resposta imune induzidos nos animais de laboratórios. Uma vez aprovada a vacina nesses requisitos, dá-se início às experimentações com seres humanos. Três fases principais são estabelecidas nos testes clínicos. Na fase I, voluntários se disponibilizam a receber a vacina e a participar de exames clínicos que testem a sua eficácia e segurança. Essa fase normalmente envolve poucos voluntários (de 20 a cem pessoas), e os estudos duram não mais do que alguns poucos meses. A fase II compreende um número maior de participantes (algumas centenas), que são analisados por um período mais prolongado, de alguns meses a dois anos. Nessa fase, dados adicionais de eficácia e segurança da vacina são coletados. Além disso, informações como a composição apropriada da vacina, o número de doses necessárias e os possíveis efeitos colaterais em nível estatisticamente significativo são determinadas. Se a vacina nessa fase tem efeito protetor e ausência de sérios efeitos adversos confirmados, ela passa à fase III, que envolve de centenas a milhares de voluntários. Estudos de fase III duram vários anos. Uma vez confirmada a eficácia da vacina nos estudos clínicos, sua produção em larga escala é aprovada.

Atualmente, mais de 60 estudos de fase I, que envolveram mais de 30 tipos diferentes de vacinas candidatas, já foram conduzidos em voluntários em nível mundial. A maioria dos candidatos recebeu a proteína do envelope* do HIV (chamada gp120), pela simples razão de essa proteína constituir o alvo principal de anticorpos neutralizantes contra o vírus. Algumas dessas vacinas mostraram-se promissoras, induzindo a produção de anticorpos neutralizantes. Elas, entretanto, foram incapazes de induzir boas respostas citotóxicas, talvez o tipo de resposta imune mais importante no combate ao vírus. Além disso, essas vacinas foram desenvolvidas contra o subtipo de HIV-1 predominante nos Estados Unidos, o subtipo B. Sabe-se que vacinas contra um subtipo específico induzem uma resposta muito fraca contra outro subtipo do vírus; dessa forma, tais vacinas são ineficazes nos países onde a epidemia é mais avassaladora, como os países africanos, por exemplo, onde a freqüência do subtipo B circulante é minoritária.

Em vista desses resultados, estudos clínicos de fase II vêm sendo normalmente elaborados de forma a superar esses problemas. Tais estudos são feitos com os subtipos do vírus relevantes à área onde a vacina vai ser testada. Um exemplo disso é o estudo de fase II conduzido em paralelo nos EUA e na Tailândia, que utilizou respectivamente vírus das clades B e E. Além disso, estudos de fase II normalmente envolvem formulações de DNA e proteínas em conjunto, na forma de vacina de DNA e reforço de proteína. Tal estratégia foi demonstrada como sendo mais eficiente na indução de respostas do tipo citotóxico do que a utilização de somente proteína. A vacina testada nos EUA e na Tailândia já entrou mesmo em estudos de fase III, promovidos pela empresa farmacêutica americana VaxGen (na verdade, esse é o primeiro e único estudo de fase III implementado até o momento). Os resultados desses estudos, entretanto, só terminariam no fim de 2000 nos EUA e no fim de 2001 na Tailândia.

Vacinas que utilizam vetores virais (como o canaripox, por exemplo) foram testadas em Uganda em fase I em 1999, utilizando os subtipos A e D, prevalentes naquele país, e o estudo mostrou que a fórmula induzia boas respostas citotóxicas específicas contra esses subtipos. Em 2000, outras vacinas do tipo canaripox encontravam-se em fase II nos EUA e também entrariam em fase I/II no Haiti, na ilha de Trinidad e no Brasil até o ano seguinte.

Além de sua aplicação de forma preventiva, as vacinas contra o HIV também são testadas sob a ótica terapêutica, ou seja, se elas são capazes de beneficiar pacientes HIV⁺. Com o advento da terapia de coquetel anti-retroviral, que baixa os níveis de vírus circulantes a valores indetectáveis, é interessante observar se as novas respostas imunes antivirais induzidas pela vacinação tornam os indivíduos capazes de controlar a infecção por si próprios, mesmo quando ou se a terapia é interrompida.

Embora as respostas de anticorpos neutralizantes e as respostas do tipo citotóxico pareçam constituir correlatos imunológicos essenciais na proteção contra o vírus, outros aspectos da resposta imune merecem atenção e estão de fato sendo abordados nas pesquisas de vacinas. Por exemplo, a imunidade de mucosas (superfícies que revestem as áreas genitais, o reto, a boca e os olhos) é alvo de intenso estudo, uma vez que a transmissão sexual constitui o modo mais importante de transmissão do HIV. Corroborando essa idéia, macacos imunizados por via intramucosa mostraram-se resistentes à infecção pelo vírus por essa via. Algumas vacinas de vetores vivos (como a bactéria *Salmonella* alterada geneticamente) são ferramentas potentes na indução de imunidade em nível de mucosas e estão sendo exploradas nesse sentido.

A utilização de células dendríticas* na obtenção de imunidade anti-HIV também vem gerando interesse crescente na comunidade científica que estuda vacinas contra o vírus. Essas células exercem um papel central na resposta imune, pois são as principais células apresentadoras de antígenos.* Elas são responsáveis por captar vírus e outros agentes que encontram nas superfícies mucosas e na pele e apresentar esses agentes estranhos a outras células do sistema imune, estimulando-as a reconhecê-los e a combatê-los. Por causa disso, alguns pesquisadores se interessam em "forçar" células dendríticas a expor proteínas do HIV.

Técnicas como a utilização de vetores virais que infectam especificamente células dendríticas para que estas expressem tais proteínas estão sendo utilizadas em alguns estudos.

Finalmente, a utilização de modelos animais para avaliar as vacinas candidatas é também uma abordagem ativa no campo. Visto que modelos experimentais humanos não são factíveis, o estudo de animais infectados pelo SIV é de grande valia nessas avaliações.

O objetivo maior de uma vacina contra a Aids é, sem dúvida, o de prevenir a infecção aguda ou primária, isto é, de evitar que o vírus se estabeleça dentro do indivíduo logo após a transmissão. Entretanto, a prevenção de uma infecção crônica pode ser também favorável, no sentido de que o indivíduo não progride à doença, mesmo que sua infecção não seja contida. De fato, em vista da possível latência do HIV no organismo humano, determinar se uma vacina é capaz de impedir o estabelecimento da infecção primária pode ser um processo muito difícil ou mesmo inviável. Muitas vacinas bem-sucedidas para outras viroses funcionam prevenindo que o vírus se espalhe para órgãos onde suas conseqüências são prejudiciais, mas não evitam completamente a entrada dele no organismo hospedeiro.

Uma outra possibilidade interessante é a de uma vacina contra o HIV manter a carga viral dentro do indivíduo infectado em níveis insuficientes para o vírus ser transmitido a outra pessoa. Essa possibilidade pode não ser interessante em nível individual, mas certamente é muito mais importante em nível populacional.

As populações ditas de alto risco (usuários de drogas injetáveis, homens que mantêm relações sexuais com outros homens, portadores de outras doenças sexualmente transmissíveis etc.) são as mais interessantes do ponto de vista científico no teste de vacinas.

É principalmente nessas populações que a eficácia de uma vacina pode ser avaliada, justamente em função do número de pessoas em que a vacina não funciona e que acabam se infectando.

Os programas implementados de testes clínicos de vacinas contra o HIV, entretanto, requerem que os indivíduos sejam devidamente informados e aconselhados em métodos preventivos de infecção, o que torna os resultados das avaliações mais difíceis de obter e analisar. Além disso, essas populações de alto risco são normalmente difíceis de recrutar e acompanhar após o início das experimentações. Muitos desistem e não voltam mais para os exames clínicos. No caso de países em desenvolvimento, que detêm as maiores taxas de prevalência para o vírus, muito poucos possuem a infra-estrutura e a capacitação técnica para manter as avaliações de vacinas em níveis criteriosos. A implementação de protocolos de testes clínicos em muitos países do Terceiro Mundo por empresas farmacêuticas multinacionais enfrenta barreiras econômicas em função de exigências daqueles países. Poucos aceitam hospedar estudos clínicos de vacinas sem que seja assegurado o acesso ao produto final a preços que o governo possa pagar, além de tratamento antiviral para todos os indivíduos participantes que eventualmente se infectaram no decorrer do estudo para o resto de suas vidas. Tais exigências, embora bem fundadas, tornam um estudo clínico de fase III extremamente oneroso e não-lucrativo para as empresas farmacêuticas, que terminam por não implementá-los.

Outros desafios éticos das pesquisas de elaboração de uma vacina contra o HIV estão presentes em nível individual. A administração da vacina torna o voluntário "HIV$^+$" em testes diagnósticos tradicionais, como a presença de anticorpos contra o vírus no plasma. Isso normalmente é acompanhado de efeitos discriminatórios no emprego, no seguro-saúde, no seguro de vida e em outras instâncias, e por esses motivos muitas pessoas desistem de participar em estudos clínicos, mesmo de fase I.

Tendo em vista esses e outros aspectos éticos da implementação de estudos clínicos, a Organização das Nações Unidas Para a Aids (UNAids) vem elaborando diretrizes éticas e científicas a serem seguidas nessas implementações e mantém comitês que aconselham e guiam países que recebem propostas de hospedarem tais testes.

Apesar de todos esses desafios, uma ênfase cada vez mais forte tem sido dada ao desenvolvimento de uma vacina eficaz e segura. Recentemente, nos Estados Unidos, a Casa Branca hospedou uma reunião especial em que declarou a Aids prioridade mundial e se comprometeu a não medir esforços nem gastos na obtenção de vacinas contra o HIV/Aids, a tuberculose e a malária. Cerca de 1 bilhão de dólares foi destinado ao combate dessas doenças.[18] A verba para a pesquisa de vacinas HIV/Aids dos Institutos Nacionais de Saúde dos EUA (o NIH) mais do que duplicou no período de 1995 a 2000.[19]

Novas abordagens e idéias vêm se traduzindo em valiosos passos na obtenção de imunidade contra o HIV, principalmente de caráter celular e de mucosas. É provável que nesta década muito mais seja descoberto e conhecido e que a criação de uma vacina eficaz contra a Aids esteja muito mais próxima da realidade.

---

[18] U.S. Department of State (www.usinfo.state.gov/topical/global/hiv/), maio de 2000.
[19] www.thebody.com/niaid/research.html

Atualmente, não existe nenhuma vacina em fase de teste no Brasil. Entretanto, o Ministério da Saúde, através de sua Coordenação Nacional de Doenças Sexualmente Transmissíveis e Aids (CN-DST/Aids), afirma que em 2001 o país irá aumentar significativamente sua participação na avaliação de novas vacinas contra o HIV.[20] Através de um acordo firmado com a Agência Nacional de Pesquisa em Aids da França, ficou estabelecido que a próxima vacina candidata daquele país passível de ser testada em humanos será avaliada em conjunto em brasileiros e franceses. Em outro acordo, firmado com os Estados Unidos, o Hospital Universitário Clementino Fraga Filho, da UFRJ, testará também uma vacina candidata. Ambos os testes devem começar em 2001. O treinamento de profissionais brasileiros para as avaliações de fase III também foi firmado entre a CN-DST/Aids e o Programa Forgarty, dos EUA.

---

[20] Jornal *O Globo*, 24 de agosto de 2000.

6. A CULTURA DA AIDS

Nos quase 20 anos desde o reconhecimento da Aids como uma doença, ela vem ganhando mais e mais espaço na mídia. As notícias e as reportagens nos jornais, nas revistas e na televisão foram as primeiras a mostrar o seu impacto. Logo foram seguidas por livros, peças de teatro, músicas e movimentos culturais dos mais diferentes tipos que abordavam os diversos aspectos técnicos, sociológicos e psicológicos da Aids.

Talvez uma primeira (e importante) observação da Aids na mídia foi a divulgação de personalidades famosas do Brasil e do mundo que assumiam o seu status de HIV⁺. Isto contribuiu de forma construtiva na conscientização da população geral de que a Aids não discrimina raça, cor, sexo, etnia nem condições sociais ou econômicas de suas vítimas. Qualquer pessoa pode contrair a doença: não somente o seu vizinho ou o sobrinho da sua empregada, mas também cantores, desportistas, artistas de fama nacional.

No Brasil, algumas dessas personalidades foram extremamente marcantes na história da Aids e permanecem até hoje como referências e símbolos da luta contra a doença. Algumas desencadearam a organização de sociedades filantrópicas e de ONGs. Uma delas foi o cantor Cazuza. Cazuza foi o primeiro artista brasileiro a assumir em público que era HIV$^+$. Hoje a Sociedade Viva Cazuza é uma das mais renomadas organizações brasileiras de apoio a pessoas portadoras de Aids, com reconhecimento internacional.

Uma outra personalidade muito conhecida pela sua contribuição na luta contra a doença foi o sociólogo Herbert de Souza (Betinho), que, além de atuar na conscientização da Aids, realizou ativamente campanhas contra a fome e chegou a ser indicado para o Prêmio Nobel da Paz em 1994.

A Aids continuou a influenciar diretores e produtores do cinema e da TV, e sua presença pode ser vista em muitos filmes e seriados. Dentre os filmes mais marcantes, estão *Philadelphia* (1993), em que o ator americano Tom Hanks interpreta um homossexual acometido pela Aids. Um ano depois, o mesmo Tom Hanks interpretaria *Forrest Gump* (1994), em que a Aids é abordada mais discretamente, mas é apontada como um dos grandes problemas que afetam a sociedade dos anos 80. Tom Hanks ganhou o Oscar de melhor ator nesses dois anos consecutivos por suas excelentes performances naqueles dois filmes.

Mais recentemente, outro filme que abordou a Aids e que recebeu destaque na mídia foi a produção do cineasta Pedro Almodóvar *Todo Sobre Mi Madre* (*Tudo Sobre Minha Mãe*), de 1999, que aborda a Aids entre outros problemas da vida moderna, como a prostituição e o homossexualismo.

Dentre os seriados de TV que tratam do assunto, talvez o mais difundido seja o "enlatado" americano *Emergency Room* (*Plantão Médico*), ou simplesmente *ER*, em que uma das residentes médicas da sala de emergência de um hospital é HIV$^+$.

As produções teatrais também foram influenciadas pelo grande *boom* que a Aids causou na mídia. De fato, já em 1985 (menos de três anos após o reconhecimento da Aids), *The Normal Heart*, do produtor americano Larry Kramer, foi apresentada em Nova York. Essa peça ficou conhecida como um marco na luta contra a Aids naquela cidade. Dez anos mais tarde, em 1995, três dos atores originais haviam morrido de complicações relacionadas com a doença.

Uma peça mais recente, *Angels in America: a Gay Fantasy on National Themes* (Anjos na América: uma Fantasia Gay Sobre Temas Nacionais), do dramaturgo americano Tony Kushner, estreou em 1993. Seu sucesso na abordagem da Aids e do homossexualismo rendeu ao autor o Prêmio Pulitzer.

Recentemente, um musical da Broadway, *Rent*, escrito por Jonathan Larson, vestiu roupagem brasileira e estreou em novembro de 2000 em São Paulo. A peça conta a história de vários jovens portadores do HIV e suas esperanças e lutas.

O impacto da Aids no teatro brasileiro foi mesmo significativo. Em vista do acometimento de inúmeros atores e atrizes pela doença, foi criada em 1995 uma organização filantrópica, o FACT (Fundo de Assistência à Classe Teatral), que provê recursos para profissionais do grupo que tiveram que parar de trabalhar por impossibilidade física ou por preconceito. O FACT é dirigido pela atriz Etti Frazer e conta com o apoio de vários outros artistas, como Irene Ravache, Adriana Esteves, Marco Nanini e Beatriz Segall.

Como não poderia deixar de ser, a literatura tem dado sua contribuição na conscientização da Aids. Em 1989, a ensaísta americana Susan Sontag publica *Aids and Its Metaphors* (*Aids e Suas Metáforas* [ed. bras. Companhia das Letras, 1989]), que trata dos aspectos da discriminação da doença. Seu ensaio subseqüente, *The Way We Live Now* (Assim Vivemos Agora, 1995), dá continuidade a essas reflexões, de uma perspectiva mais ampla e atualizada.

Já em 2000, o romance *Ravelstein*, do grande escritor americano Saul Bellow (Prêmio Nobel 1976), conta a história de um proeminente professor universitário que sucumbe à Aids. (O modelo real para esse personagem foi o professor de filosofia Allan Bloom, autor de *The Closing of the American Mind*, um dos maiores *best-sellers* acadêmicos de todos os tempos.)

Entre outros autores contemporâneos que elaboraram a questão da Aids por via romanesca, incluem-se nomes como Allan Hollinghurst, Edmund White, Louis Begley, Aldo Busi e Reynaldo Arenas. No Brasil, podem-se ressaltar, entre outros, os trabalhos de Alberto Guzik e Bernardo Carvalho, em que a doença aparece de modo mais ou menos direto. *A Doença, uma Experiência*, de Jean-Claude Bernardet (1996), é um relato autobiográfico impressionante.

A Aids continua sendo um tema de grande influência nas artes e na cultura dos diferentes povos. Diferentemente da abordagem técnica, que é seletiva e restrita a uma pequena parcela da população, os meios de comunicação de massa e de difusão cultural são essenciais para universalizar a conscientização da doença na população geral.

GLOSSÁRIO

anticorpos Proteínas produzidas pelas células B do sistema imune, que são responsáveis pelo reconhecimento de partículas estranhas ao organismo (patógenos e toxinas). Estão envolvidas no processo de combate do organismo a essas partículas.

candidíase Doença oportunista causada por fungos do gênero *Candida* em pacientes imunodeprimidos.

carga viral Quantidade de partículas virais presentes no sangue de pacientes infectados pelo vírus. É normalmente expressa em número de cópias virais por mililitro de plasma, e é utilizada como indicadora da eficácia da terapia antiviral.

células de Langherhans Subtipo de célula dendrítica* que se encontra na pele e mucosas e que carreia proteínas estranhas para os órgãos linfóides secundários.*

células de memória   Células que permanecem no indivíduo mesmo depois de uma resposta imune ter terminado, e que são mais rapidamente responsivas a um segundo encontro com o mesmo agente invasor.

células dendríticas   Células envolvidas na iniciação da resposta imune. São normalmente as primeiras células a migrarem para os tecidos inflamados ou infectados, onde captam corpos estranhos, os digerem e os expõem aos linfócitos nos linfonodos. O nome "dendrítica" vem dos dendritos, finas projeções do citoplasma observadas nessas células (elas parecem "estrelas" tridimensionais quando vistas ao microscópio).

centros germinativos   Áreas dos linfonodos onde os linfócitos são estimulados pelas proteínas estranhas a proliferar e a maturar.

citomegalovírus   Abreviado simplesmente por CMV, é um dos vírus que causam diversas doenças oportunistas em pacientes imunodeprimidos.

citotóxico   Braço da resposta imune mediada por células (as células T citotóxicas) que têm a atividade de destruir células infectadas no organismos pela injeção de toxinas, o que causa a morte dessas células. O reconhecimento de células infectadas pelas células T citotóxicas se dá pelo fato de aquelas "mostrarem" pedaços de proteínas virais na sua superfície externa.

co-receptores   Moléculas na superfície de células que, juntamente com a molécula de CD4, induzem a ligação do HIV e sua posterior entrada na célula.

envelope Proteína do HIV que fica exposta na sua superfície externa. É a proteína do envelope viral (também conhecida como gp120) que se liga à molécula de CD4 e do co-receptor das células-alvo.

enzimas Grupo de proteínas dos seres vivos que contém uma atividade catalítica, ou seja, de quebra ou junção de outras moléculas.

fase aguda Também chamada de fase primária, é o período correspondente às primeiras semanas após a infecção do indivíduo pelo HIV.

fase assintomática Também chamada de fase crônica, é o período de infecção do HIV que se segue à fase primária. Tem uma duração variável, que oscila de indivíduo para indivíduo (de oito a dez anos) e é caracterizada pela ausência de sintomas associados à Aids.

filogenético Relação de proximidade entre dois seres vivos num contexto evolutivo. A análise dessas relações é dita "filogenética". Por exemplo, homens e chimpanzés são mais filogeneticamente relacionados entre si do que com o cão, pois eles se separaram um do outro mais recentemente no curso da evolução.

gânglio Ver *nódulo linfático*.

infecções oportunistas Infecções patogênicas que se instalam num paciente imunodeficiente. São ditas "oportunistas" porque se aproveitam desse estado imunocomprometido para infectar o indivíduo. Essas infecções não são normalmente capazes de se estabelecer em pessoas imunocompetentes.

integrase Enzima dos retrovírus responsável pela inserção da cópia de DNA do seu genoma no genoma da célula hospedeira.

linfócitos CD4$^+$ Subpopulação de linfócitos T que constituem as principais células-alvo do HIV. A molécula CD4, presente na superfície externa desses linfócitos, é o receptor de interação principal do vírus.

linfonodo Ver *nódulo linfático*.

linfopenia Síndrome caracterizada pela insuficiência de linfócitos T na circulação sanguínea. É característica da fase aguda ou primária da infecção pelo HIV, devido ao alto comprometimento dos linfócitos T pela grande quantidade de vírus produzida.

mutações Erros na incorporação de nucleotídeos* pelas enzimas que fabricam o RNA ou o DNA. Como resultado das mutações geradas pela enzima viral transcriptase reversa, novas variantes virais são geradas, diferentes do original.

nódulos linfáticos Também chamados de gânglios linfáticos ou linfonodos, são estruturas que fazem parte do sistema linfático. Este é formado também por outros corpúsculos menores, associados a outros órgãos, aos vasos linfáticos e à linfa. É no interior dos linfonodos que a resposta imune contra um corpo estranho é iniciada.

nucleotídeos, nucleosídeos Pequenas moléculas que constituem a unidade de construção básica dos ácidos nucleicos (DNA e RNA). Nucleosídeos são os precursores dos nucleotídeos, antes de serem adicionados na cadeia do ácido nucleico.

ordem Nível de classificação dos seres vivos. Os organismos são classificados em reinos, ramos, classes, ordens, famílias, gêneros e espécies, do mais abrangente para o mais específico. A classificação dos seres vivos é chamada de taxonomia.

órgãos linfóides secundários Regiões do sistema linfático onde as proteínas estranhas são apresentadas aos linfócitos para iniciar uma resposta imune. São normalmente os linfonodos* e os órgãos linfóides associados ao aparelho digestivo, ao trato respiratório e à pele.

parasitas Organismos que infectam outros organismos e se desenvolvem em detrimento destes últimos. No parasitismo, não existe nenhum benefício à espécie parasitada, mas somente ao parasita. Nossos parasitas são em sua maioria microscópicos e abrangem vírus, bactérias e fungos. Podem também ser macroscópicos, como a lombriga, a tênia etc.

patógenos Quaisquer parasitas que causam um efeito patológico e deletério em seus hospedeiros.

peptídeos Pequenos pedaços, naturais ou artificiais, de proteínas maiores.

polímero Uma grande molécula que é formada por repetições de moléculas menores ligadas entre si. O DNA e o RNA são polímeros de nucleotídeos.

poliproteínas Proteínas de grande tamanho que irão originar proteínas menores, finais, por ação de proteases.

protease Enzima viral responsável pela quebra das proteínas virais em suas formas finais e maduras.

protozoários Grupo de seres vivos primitivos, normalmente unicelulares (compostos por uma única célula), que costumam parasitar seres vivos maiores. Entre os protozoários, incluem-se a *Amoeba* (ameba), o *Trypanosoma*, a *Leishmania* e o *Plasmodium*. Protozoários são normalmente patogênicos para seus hospedeiros.

recombinantes Organismos que carregam genes que não são próprios de sua bagagem genética natural. O nome *recombinante* vem do processo de construir esses organismos, através da tecnologia do DNA recombinante (recombinar o gene novo no DNA do organismo-alvo).

retrovírus, *Retroviridae* Família de vírus a que pertencem o HIV e o SIV. Os retrovírus têm esse nome pelo fato de seu genoma ser copiado de forma reversa (RNA para DNA) à conduzida dentro das células (DNA para RNA).

sítio ativo Região de uma enzima onde o substrato se encaixa e a sua atividade catalítica ocorre. Normalmente os sítios ativos de enzimas são em formato de "caçapa", para que o substrato se encaixe.

soropositivo Status de um paciente infectado pelo HIV que contém anticorpos em seu soro (a parte líquida do sangue que se obtém quando se retiram as células sanguíneas).

soroprevalência Nível de soropositividade (ver *soropositivo*) para um determinado patógeno em nível populacional.

subtipos Subclassificações dos diferentes tipos de HIV que circulam no mundo, com base em sua variação genética. Atualmente, 12 subtipos diferentes estão caracterizados para o HIV-1, e seis para o HIV-2.

substrato Molécula que constitui o alvo de ação de uma enzima.

transcriptase reversa Enzima dos retrovírus que executa o processo de retrotranscrição, ou seja, a cópia do RNA viral em molécula de DNA.

trofoblástica Barreira de células da placenta que permitem a passagem seletiva de proteínas e outros agentes da mãe para o feto. As células são chamadas trofoblastos.

vetores Organismos utilizados para carregar uma informação genética nova às células infectadas por eles.

BIBLIOGRAFIA E SITES

LIVROS

Ronald Bayer and Gerald M. Oppenheimer, *Aids Doctors: Voices from the Epidemic*. New York: Oxford University Press, 2000.

Marcelo Secron Bessa, *Histórias Positivas*. São Paulo: Record, 1997.

Jacquelyn Haak Flaskerud, *Aids – Infecção Pelo HIV*. Rio de Janeiro: Medsi, 1992.

Mirko D. Grmek, *Histoire du Sida*. Lausanne: Payot.

Jane Hervé, *Les Enfants du Sida*. Paris: Fayard, 1996.

Martin A. Levin e Mary Bryna Sanger, *After the Cure: Managing Aids and Other Public Health Crises (Studies in Government and Public Policy)*. Lawrence: University Press of Kansas, 2000.

Véronique Mailland, *Douleur, Soins Palliatifs et Infection par le VIH*. Paris: Masson (Abrégés), 1998.

Luc Montagnier, *Vírus e Homens – Aids: Seus Mecanismos e Tratamento*. Rio de Janeiro: Jorge Zahar, 1995.

Richard Parker, *Políticas, Instituições e Aids*. Rio de Janeiro: Jorge Zahar, 1998.

Richard Parker, *Políticas, Instituições e Aids*. Rio de Janeiro: Jorge Zahar, 1998.
Gabriel Rotello, *Comportamento Sexual e Aids – a Cultura Gay em Transformação*. São Paulo: Summus, 1998.
Barry D. Schoub, *Aids & HIV in Perspective: a Guide to Understanding the Virus and Its Consequences*. Cambridge: Cambridge University Press, 1994.
Léon Schwartzenberg, *C'est Quoi le Sida?* Paris: Albin Michel, 1999.
Gary P. Wormser (ed.), *Aids and Other Manifestations of HIV Infection*. Philadelphia: Lippincott Williams & Wilkins Publishers, 1997.

SITES

Aegis
www.aegis.com
Talvez o mais completo site de informações sobre Aids; é atualizado a cada hora, e foi premiado pela Unesco em 1999 por seus serviços à humanidade; todo tipo de informação que se possa imaginar. Em inglês.

Associação Brasileira Interdisciplinar de Aids (Abia)
www.alternex.com.br/~abia/
ONG fundada por Betinho em 1986, a Abia luta pelos direitos das pessoas portadoras de Aids; contém informações sobre organizações comunitárias, eventos importantes, diversos guias e bases de conhecimento.

Banco de Seqüências de HIV
hiv-web.lanl.gov/
Site de caráter técnico, para quem já conhece a biologia do vírus e quer aprofundar seus conhecimentos; contém nomenclatura e classificação, além de informações científicas sobre o vírus. Em inglês.

Centro de Controle de Doenças dos EUA (CDC)
www.cdc.gov/hiv/dhap.htm
Explicações de todos os tipos, do básico às vacinas, tratamento e prevenções, últimas notícias, estatísticas etc. Em inglês.

Coordenação Nacional de Doenças Sexualmente Transmissíveis e Aids (CN-DST/Aids)
www.aids.gov.br/
Site do Ministério da Saúde: programas de apoio do governo, perguntas básicas, últimas notícias sobre Aids, links interessantes etc.

Grupo de Apoio e Prevenção à Aids de Minas Gerais (Gapa-MG)
www.gapamg.skynet.com.br/
Dúvidas sobre Aids, endereços úteis em Belo Horizonte, prevenção, DSTs, direitos etc.

Grupo pela Vida
www.Aids.org.br
Site do grupo ativista pela luta contra a Aids. Grande quantidade de informação de todos os tipos; aspectos culturais da Aids, eventos etc.

Organização Mundial da Saúde Para a Aids (UNAids)
www.unaids.org/
Constantemente atualizado. Contém dados epidemiológicos, últimas notícias sobre Aids, resumos de conferências sobre Aids etc. Em inglês.

Rede Nacional de Pessoas HIV$^+$ (RNP+)
www.geocities.com/HotSprings/4133/
Rede que cadastra pessoas HIV$^+$ e que objetiva divulgar e trocar informações sobre a doença e os tratamentos.

Sociedade Viva Cazuza (SVC)
www.vivacazuza.org.br/
ONG filantrópica fundada logo após o falecimento do cantor Cazuza. Apóia programas de prevenção e auxílio em várias instâncias a pessoas infectadas com o HIV.

SOBRE O AUTOR

Marcelo A. Soares é formado em genética pela Universidade Federal do Rio de Janeiro, onde obteve também o grau de mestre com tese sobre vírus de RNA em 1993. Obteve seu doutorado num programa conjunto entre a UFRJ e a University of Alabama at Birmingham, EUA, em fevereiro de 2000, com tese sobre HIV/Aids e tem pós-doutorado pelo Instituto Pasteur de Paris. Atualmente, é professor adjunto da UFRJ e pesquisador do Instituto Nacional de Câncer (INCA).

É consultor do Programa Nacional de DST e Aids do Ministério da Saúde.

FOLHA EXPLICA

1	MACACOS	Drauzio Varella
2	OS ALIMENTOS TRANSGÊNICOS	Marcelo Leite
3	CARLOS DRUMMOND DE ANDRADE	Francisco Achcar
4	A ADOLESCÊNCIA	Contardo Calligaris
5	NIETZSCHE	Oswaldo Giacoia Junior
6	O NARCOTRÁFICO	Mário Magalhães
7	O MALUFISMO	Mauricio Puls
8	A DOR	João Augusto Figueiró
9	CASA-GRANDE & SENZALA	Roberto Ventura
10	GUIMARÃES ROSA	Walnice Nogueira Galvão
11	AS PROFISSÕES DO FUTURO	Gilson Schwartz
12	A MACONHA	Fernando Gabeira
13	O PROJETO GENOMA HUMANO	Mônica Teixeira
14	A INTERNET	Maria Ercilia
15	2001: UMA ODISSÉIA NO ESPAÇO	Amir Labaki
16	A CERVEJA	Josimar Melo
17	SÃO PAULO	Raquel Rolnik
18	A AIDS	Marcelo Soares
19	O DÓLAR	João Sayad
20	A FLORESTA AMAZÔNICA	Marcelo Leite
21	O TRABALHO INFANTIL	Ari Cipola
22	O PT	André Singer
23	O PFL	Eliane Cantanhêde
24	A ESPECULAÇÃO FINANCEIRA	Gustavo Patu
25	JOÃO CABRAL DE MELO NETO	João Alexandre Barbosa
26	JOÃO GILBERTO	Zuza Homem de Mello

27	A MAGIA	Antônio Flávio Pierucci
28	O CÂNCER	Riad Naim Younes
29	A DEMOCRACIA	Renato Janine Ribeiro
30	A REPÚBLICA	Renato Janine Ribeiro
31	RACISMO NO BRASIL	Lilia Moritz Schwarcz
32	MONTAIGNE	Marcelo Coelho
33	CARLOS GOMES	Lorenzo Mammì
34	FREUD	Luiz Tenório Oliveira Lima
35	MANUEL BANDEIRA	Murilo Marcondes de Moura
36	MACUNAÍMA	Noemi Jaffe
37	O CIGARRO	Mario Cesar Carvalho
38	O ISLÃ	Paulo Daniel Farah
39	A MODA	Erika Palomino
40	ARTE BRASILEIRA HOJE	Agnaldo Farias
41	A LINGUAGEM MÉDICA	Moacyr Scliar
42	A PRISÃO	Luís Francisco Carvalho Filho
43	A HISTÓRIA DO BRASIL NO SÉCULO 20 (1900-1920)	Oscar Pilagallo
44	O MARKETING ELEITORAL	Carlos Eduardo Lins da Silva
45	O EURO	Silvia Bittencourt
46	A CULTURA DIGITAL	Rogério da Costa
47	CLARICE LISPECTOR	Yudith Rosenbaum
48	A MENOPAUSA	Silvia Campolim
49	A HISTÓRIA DO BRASIL NO SÉCULO 20 (1920-1940)	Oscar Pilagallo
50	MÚSICA POPULAR BRASILEIRA HOJE	Arthur Nestrovski (org.)
51	OS SERTÕES	Roberto Ventura
52	JOSÉ CELSO MARTINEZ CORRÊA	Aimar Labaki
53	MACHADO DE ASSIS	Alfredo Bosi
54	O DNA	Marcelo Leite

55	A HISTÓRIA DO BRASIL NO SÉCULO 20 (1940-1960)	Oscar Pilagallo
56	A ALCA	Rubens Ricupero
57	VIOLÊNCIA URBANA	Paulo Sérgio Pinheiro e Guilherme Assis de Almeida
58	ADORNO	Márcio Seligmann-Silva
59	OS CLONES	Marcia Lachtermacher-Triunfol
60	LITERATURA BRASILEIRA HOJE	Manuel da Costa Pinto
61	A HISTÓRIA DO BRASIL NO SÉCULO 20 (1960-1980)	Oscar Pilagallo
62	GRACILIANO RAMOS	Wander Melo Miranda
63	CHICO BUARQUE	Fernando de Barros e Silva
64	A OBESIDADE	Ricardo Cohen e Maria Rosária Cunha
65	A REFORMA AGRÁRIA	Eduardo Scolese
66	A ÁGUA	José Galizia Tundisi e Takako Matsumura Tundisi
67	CINEMA BRASILEIRO HOJE	Pedro Butcher
68	CAETANO VELOSO	Guilherme Wisnik
69	A HISTÓRIA DO BRASIL NO SÉCULO 20 (1980-2000)	Oscar Pilagallo
70	DORIVAL CAYMMI	Francisco Bosco
71	VINICIUS DE MORAES	Eucanaã Ferraz
72	OSCAR NIEMEYER	Ricardo Ohtake
73	LACAN	Vladimir Safatle
74	JUNG	Tito R. de A. Cavalcanti
75	O AQUECIMENTO GLOBAL	Claudio Angelo

Este livro foi composto nas fontes
Bembo e Geometr 415 e impresso em
abril de 2008 pela Gráfica Corprint,
sobre papel offset 90 g/m².